新編 僧伽儀範
신편 승가의범

新編 僧伽儀範
신편 승가의범

釋 普 雲 纂

혜안

신편의 말

세존의 가르침을 구체화하고 정형화시키는 고도(高度)의 문화적인 절차는 불교 의례로서 정리되었고 시대와 지리적인 환경을 따라서 합리적인 방향으로 실천이 이루어졌다. 승가의 행위는 진리를 재해석하여 현실에 적용하는 갈마로서의 하나의 형태이다. 따라서 근원적인 기준은 세존께서 전법륜을 굴리시던 때부터 전해진 삼장에 의지하여 의례를 통한 실체적인 모습으로 나타나게 되었다.

육도의 유정들이 존재하며 각자의 업력을 따라서 화합하고 경쟁하는 욕계에서는 시간적이나 공간적으로 변화를 생성하고 추구하며 발전되었고 끊임없는 불교의 례에서 작법의 변화를 펼쳐서 보여주고 있다. 현대에는 많은 교학의 정보전달이 매우 빠르게 전달되고 있고, 광범위한 삼장에 대한 접근성이 쉽게 확장되고 있다.

이전의 시기에도 여러 국가와 시대를 거치면서 우수하게 찬집되었고 저술된 많은 의례에 대한 문헌이 연구되었고 편찬되었다. 그럼에도 중국 밀교와 한국의 의례의 문헌에 궁금증이 증가하였고 이러한 발원을 승화시켜 4년여를 넘게 이전의 여러 대장경과 한국에서 저술된 여러 승가의례의 문헌들을 세심히 살피고 연구하여 의범을 새롭게 찬집하게 되었다.

이렇게 찬집한 『신편 승가의범』은 삼재(三災)의 해를 맞이하여 불사를 지어서 회향하고자 하는 것이고, 불보살들께서 이러한 공덕을 유정들에게 가피하시기를 발원하는 것이다. 이러한 공덕으로 출판을 위하여 도움을 주신 사부대중에게 불보살님들의 가피가 시방에 가득하시기를 발원드린다.

불기(佛紀) 2563년(2019년) 4월
수원의 광교산 자락에서 삼가 적다

목차

✿ 일러두기 ─────────────────────────────

1. 이 책의 저본(底本)은 고려대장경(高麗大藏經)을 중심으로 대정신수대장경(大正新修大藏經)과 기타의 대장경을 참조하여 찬집하였다.

2. 원전의 정밀함을 기하기 위해 여러 시대와 왕조에서 각각 결집된 중국의 대장경을 대조하고 비교하며 번역하였다.

3. 원문을 인용하면서 필요한 경우에는 용어의 변화가 이루어졌고 본문에 부분적인 추가와 생략이 이루어졌다.

4. 진언을 인용하면서 출처를 미주로 처리하였고 원문의 실담문자를 한글로서 번역하여 수록하였다.

5. 예경의와 참법의에 인용된 원문은 고려대장경과 신수대장경을 중심으로 찬집하였다.

6. 진언의에 인용된 원문은 방산석경대장경과 신수대장경을 중심으로 찬집하였다.

7. 점안의에 인용된 원문은 한국불교전서에 수록된 천지양명법음삼보집과 작법귀감을 중심으로 신수대장경의 진언을 참조하여 찬집하였다.

8. 시식의에 인용된 원문은 한국불교전서에 수록된 천지양명법음삼보집과 신찬일본속장경의 법계성범수륙승회수재의궤를 중심으로 찬집하였다.

9. 본문의 불, 보살, 존자 명호 뒤 표시된 [ ], 〈 〉의 번호는 원문에는 없으나 편의상 편자가 붙인 것이다.

I.

예경의

禮敬儀

1. 주불전 예경 主佛殿 禮敬

1) 조석예경 朝夕禮敬

계향 정향 혜향 해탈향 해탈지견향 이차광명변법계
戒香 定香 慧香 解脫香 解脫知見香 以此光明遍法界

공양시방무량불 문향보변증적정 계수일체출세간
供養十方無量佛 聞香普邊證寂精 稽首一切出世間

삼계최승공덕해 정혜능소무명장 일념아금귀의계
三界最乘功德海 定慧能燒無明藏 一念我今歸依戒

지심귀명례 상주삼세 정묘법계 청정법신 비로자나불
至心歸命禮 常住三世 淨妙法界 淸淨法身 毘盧遮那佛

지심귀명례 상주삼세 정묘법계 원만보신 노사나불
至心歸命禮 常住三世 淨妙法界 圓滿報身 盧舍那佛

지심귀명례 상주삼세 정묘법계 백억화신 석가모니불
至心歸命禮 常住三世 淨妙法界 百億化身 釋迦牟尼佛

지심귀명례 진시방연화세계 불가설미진찰토회중
至心歸命禮 盡十方蓮花世界 不可說微塵刹土會中

상주대원만 일체제불타
常住大圓滿 一切諸佛陀

지심귀명례 진시방연화세계 불가설미진찰토회중
至心歸命禮 盡十方蓮花世界 不可說微塵刹土會中

상주묘각성취 미륵존불
常住妙覺成就 彌勒尊佛

지심귀명례 진시방연화세계 불가설미진찰토회중
至心歸命禮 盡十方蓮花世界 不可說微塵刹土會中

상주대원각 일체제달마
常住大圓覺 一切諸達磨

지심귀명례 진시방연화세계 불가설미진찰토회중
至心歸命禮 盡十方蓮花世界 不可說微塵刹土會中

상주대서원 일체제보살
常住大誓願 一切諸菩薩

지심귀명례 진시방사바세계 불가설미진찰토회중
至心歸命禮 盡十方娑婆世界 不可說微塵刹土會中

상주수승원 일체제연각
常住秀勝願 一切諸緣覺

지심귀명례 진시방사바세계 불가설미진찰토회중
至心歸命禮 盡十方娑婆世界 不可說微塵刹土會中

상주수승원 일체제성문
常住秀勝願 一切諸聲聞

지심귀명례 진시방사바세계 불가설미진찰토회중
至心歸命禮 盡十方娑婆世界 不可說微塵刹土會中

상주청정행 일체제승가
常住淸淨行 一切諸僧伽

유원 시방자존호념지 급아일체제유정 속득죄장즉제멸
唯願 十方慈尊護念知 及我一切諸有情 速得罪障則除滅

속득본유발보리 홍진광도제육취 필경성취무상해탈도
速得本有發菩提 弘盡廣度諸六趣 必竟成就無上解脫道

〈찬탄게 讚歎偈〉[1]

아금귀명례 시방일체불 보살성문중 대선천안자
我今歸命禮 十方一切佛 菩薩聲聞衆 大仙天眼者

역예보리심 원리제악도 능득생천상 내지증열반
亦禮菩提心 遠離諸惡道 能得生天上 乃至證涅槃

약아작소죄 수심지소생 금대제불전 참회영제멸
若我作少罪 隨心之所生 今對諸佛前 懺悔令除滅

아금신구의 소집제공덕 원작보리인 당성무상도
我今身口意 所集諸功德 願作菩提因 當成無上道

시방국토중 공양여래자 급불무상지 아금진수희
十方國土中 供養如來者 及佛無上智 我今盡隨喜

유죄실참회 시복개수희 아금예제불 원성무상지
有罪悉懺悔 是福皆隨喜 我今禮諸佛 願成無上智

시방대보살 증어십지자 아금계수례 원속증보리
十方大菩薩 證於十地者 我今稽首禮 願速證菩提

득증보리이 최복어마군 전청정법륜 요익중생류
得證菩提已 摧伏於魔軍 轉淸淨法輪 饒益衆生類

12

상원주세간 무량구지겁 격우대법고 도탈고중생
常願住世間 無量俱胝劫 擊于大法鼓 度脫苦衆生

아몰어욕니 탐승지소계 종종다전박 원불수관찰
我沒於欲泥 貪繩之所繫 種種多纏縛 願佛垂觀察

중생수구중 제불불염사 원이대자비 도탈생사해
衆生雖垢重 諸佛不厭捨 願以大慈悲 度脫生死海

현재제세존 과거미래불 소행보살도 아금원수학
現在諸世尊 過去未來佛 所行菩薩道 我今願修學

구족바라밀 성취육신통 도탈제중생 증어무상도
具足波羅蜜 成就六神通 度脫諸衆生 證於無上道

요지제법공 무상무자성 무주무표시 불생역불멸
了知諸法空 無相無自性 無住無表示 不生亦不滅

우여대선존 선요어무아 무보특가라 내지무수자
又如大仙尊 善了於無我 無補特伽羅 乃至無壽者

어제보시사 부집아아소 위안락중생 시여무간린
於諸布施事 不執我我所 爲安樂衆生 施與無慳悋

원아소시물 불가공용생 관찰요지공 구시바라밀
願我所施物 不假功用生 觀察了知空 具施波羅蜜

지계무결감 득불정시라 이무소주고 구계바라밀
持戒無缺減 得佛淨尸羅 以無所住故 具戒波羅蜜

인욕여사대 불생분별심 이무진에고 구인바라밀
忍辱如四大 不生分別心 以無瞋恚故 具忍波羅蜜

원이신심력 발기대정진 견고무해태 구근바라밀
願以身心力 發起大精進 堅固無懈怠 具勤波羅蜜

이여환여화 급용맹정진 금강등삼매 구선바라밀
以如幻如化 及勇猛精進 金剛等三昧 具禪波羅蜜

원증삼명지 입어삼탈문 요삼세평등 구혜바라밀
願證三明智 入於三脫門 了三世平等 具慧波羅蜜

제불묘색신 광명대위덕 보살정진행 원아개원만
諸佛妙色身 光明大威德 菩薩精進行 願我皆圓滿

미륵명칭자 근수여시행 구육바라밀 안주어십지
彌勒名稱者 勤修如是行 具六波羅蜜 安住於十地

2) 석가여래강탄예경 釋迦如來降誕禮敬[2)]

일심봉청 감인세계 시현강생 석가모니불
一心奉請 堪忍世界 示現降生 釋迦牟尼佛

천상천하무여불 시방세계역무비 세간소유아진견 일체무
天上天下無如佛 十方世界亦無比 世間所有我盡見 一切無

유여불자
有如佛者

일심정례 연등불소 수능인기별시신 석가모니불
一心頂禮 然燈佛所 受能仁記莂時身 釋迦牟尼佛

과거구행보살도 이시치불호연등 증위마납봉자비 인여구
過去久行菩薩道 爾時値佛號然燈 曾爲摩納奉慈悲 因與瞿

이수공양 포발엄니승족하 산화성개주공중 종자법인득무
夷修供養 布髮掩泥承足下 散華成蓋住空中 從茲法忍得無

생 친수석가문불기 고아일심귀명정례
生 親受釋迦文佛記 故我一心歸命頂禮

일심정례 도솔천상 시일생보처시신 석가모니불
一心頂禮 兜率天上 示一生補處時身 釋迦牟尼佛

일생당증능인과 보처원승희락천 기초욕지재공거 시위로
一生當證能仁果 補處爰升喜樂天 旣超欲地在空居 時爲勞

생담정법 겁화막능분차계 호광잉득조제선 저관기숙하생
生談正法 劫火莫能焚此界 毫光仍得照諸禪 佇觀機熟下生

래 보사맹명개혜안
來 普使盲冥開慧眼

일심정례 가유위국 탁마야회임시신 석가모니불
一心頂禮 迦維衛國 託摩耶懷妊時身 釋迦牟尼佛

탁식후비명대술 유광중인속가유 응몽잠통옥상형 처태진
託識后妃名大術 流光中印屬迦維 應夢潛通玉象形 處胎眞

시금륜종 시월이선성밀교 제천선견상엄신 인현겁내대공
是金輪種 十月已宣聲密敎 諸天先見相嚴身 仁賢劫內大空

허 장경담화시일현
虛 將慶曇華時一現

일심정례 무우수하 탄왕비우협시신 석가모니불
一心頂禮 無憂樹下 誕王妃右脇時身 釋迦牟尼佛

성후입원반수차 이연우협산금구 재행칠보현수상 부지이
聖后入園攀樹次 怡然右脇産金軀 繞行七步現殊祥 復指二

의칭최승 천우세향개윤택 지개복장실정명 진중아이백세
儀稱最勝 天雨細香皆潤澤 地開伏藏悉精明 珍重阿夷百歲

인 점언상호당성불
人 占言相好當成佛

일심정례 동궁수직 현납비염욕시신 석가모니불
一心頂禮 東宮受職 現納妃厭欲時身 釋迦牟尼佛

태자묘년방치학 부왕구빙득야수 수장오욕매구견 단견제
太子妙年方齒學 父王求娉得耶輸 雖將五欲每勾牽 但見諸

근상적정 연생탁수심원정 금재홍로체막투 도증보원진상
根常寂靜 蓮生濁水心元淨 金在紅爐體莫渝 徒增寶媛鎭相

수 종피지도규애망
隨 終被智刀刲愛網

일심정례 사문유관 도무상락도시신 석가모니불
一心頂禮 四門遊觀 覩無常樂道時身 釋迦牟尼佛

엄가사문관사상 정거천자화제도 시봉쇠로탄무상 후견진
嚴駕四門觀四相 淨居天子化諸塗 始逢衰老歎無常 後見眞

승흔유도 성의기존행락사 공성유찬출진연 지복류신사부
僧欣有道 聖意豈存行樂事 空聲唯贊出塵緣 指腹留娠嗣父

왕 일심지대리궁실
王 一心秖待離宮室

일심정례 춘궁오야 유국성출속시신 석가모니불
一心頂禮 春宮午夜 踰國城出俗時身 釋迦牟尼佛

천어출가시이지 변연왕국지타산 중소금달자연개
天語出家時已至 便捐王國指他山 中宵禁闥自然開

천리신구초홀거 거닉환궁미원도 야수회자수공유
千里神駒超忽去 車匿還宮迷遠道 耶輸懷子守空帷

만승추종경불회 번령정반요첨례
萬乘追蹤竟不迴 翻令淨飯遙瞻禮

일심정례 가야산내 수육년고행시신 석가모니불
一心頂禮 伽耶山內 修六年苦行時身 釋迦牟尼佛

오인시위개중지 육재수행차외구 설령무춘임고한 주안미
五人侍衛皆中止 六載修行且外求 雪嶺無春任苦寒 朱顔未

로동초췌 마맥충기영시도 단상습정역비진 사위방편화중
老同顦頷 麻麥充飢寧是道 斷常習定亦非眞 斯爲方便化衆

생 점인사도귀정각
生 漸引邪徒歸正覺

일심정례 니련하반 수난타시식시신 석가모니불
一心頂禮 尼連河畔 受難陀施食時身 釋迦牟尼佛

대권장응인천공 선수난타헌유미 보살수자묘색신 차나기
大權將應人天供 先受難陀獻乳糜 菩薩雖資妙色身 遮那豈

가진수미 낙발이귀도리주 전의원자음광사 행간도수근보
假珍羞味 落髮已歸忉利主 傳衣元自飮光師 行看道樹近菩

리 보보방여개진동
提 步步方興皆震動

일심정례 금강좌상 항천마성도시신 석가모니불
一心頂禮 金剛座上 降天魔成道時身 釋迦牟尼佛

적초결부과영야 원성삼십사심시 구지진로기단제 육천마
籍草結趺過永夜 圓成三十四心時 九地塵勞旣斷除 六天魔

사구항복 대범저문감로고 군생래근자금산 유시수의전법
事俱降伏 大梵佇聞甘露鼓 羣生來覲紫金山 由是隨宜轉法

륜 인도우금함수사
輪 人到于今咸受賜

원아자범지성 차계타방 변어유불지시 함도강령지상 초문
願我自凡至聖 此界他方 徧於有佛之時 咸覩降靈之相 初聞

음교변입어대승 돈출진로즉등어피안
音敎便入於大乘 頓出塵勞卽登於彼岸

3) 석가여래열반예경 釋迦如來涅槃禮敬[3]

일심정례 열반교주 감인세존 현성광집중시신 석가모니불
一心頂禮 涅槃敎主 堪忍世尊 現聲光集衆時身 釋迦牟尼佛

길하견수생초일 영요선음변시방 위소군생문후의 시언대
吉河堅樹生初日 靈耀仙音遍十方 爲召群生問後疑 示言大

각귀원적 세계보엄여락토 인신혈현사사화 천공운진단묵
覺歸元寂 世界寶嚴如樂土 人身血現似奢華 天供雲臻但默

연 일시계수회우뇌 고아일심귀명정례
然 一時稽首懷憂惱 故我一心歸命頂禮

일심정례 열반교주 감인세존 수순타시식시신 석가모니불
一心頂禮 涅槃教主 堪忍世尊 受純陀施食時身 釋迦牟尼佛

여래구증차나체 권현림종응공의 능여모단변화신 수자화
如來久證遮那體 權現臨終應供儀 能與毛端變化身 受茲華

씨갱량식 육진수위공무상 오과당지결유연 아금추원봉자
氏粳糧食 六塵雖謂空無相 五果當知結有緣 我今追遠奉粢

성 원증진상동묘의 고아일심귀명정례
盛 願證眞常同妙義 故我一心歸命頂禮

일심정례 열반교주 감인세존 와보상현병시신 석가모니불
一心頂禮 涅槃教主 堪忍世尊 臥寶床現病時身 釋迦牟尼佛

부촉문수전정법 아연배질시중생 곡굉우협류영아 수시무
付囑文殊傳正法 俄然背疾示衆生 曲肱右脅類嬰兒 收視無

언어병자 정중임청가섭문 종용유대세왕래 재기유광촉대
言如病者 鄭重任聽迦葉問 從容猶待世王來 再起流光燭大

천 만중군고개소탕 고아일심귀명정례
千 滿中群苦皆消蕩 故我一心歸命頂禮

일심정례 열반교주 감인세존 입월애삼매시신 석가모니불
一心頂禮 涅槃敎主 堪忍世尊 入月愛三昧時身 釋迦牟尼佛

대비부념아사세 수순기바발선심 예좌중서월애광 곤의돈
大悲俯念阿闍世 隨順耆婆發善心 霓座重舒月愛光 袞衣頓

각신창유 귀불시지사도오 문경방료역연공 이란총리출전
覺身瘡愈 歸佛始知邪道誤 聞經方了逆緣空 伊蘭叢裏出栴

단 기재취비무근신 고아일심귀명정례
檀 奇哉取譬無根信 故我一心歸命頂禮

일심정례 열반교주 감인세존 시인천상호시신 석가모니불
一心頂禮 涅槃敎主 堪忍世尊 示人天相好時身 釋迦牟尼佛

수거법복서신상 승강허공사육회 욕입니원적정문 금관자
手袪法服舒身相 昇降虛空四六迴 欲入泥洹寂靜門 今觀紫

마장엄취 미구갈보수인덕 진겁난봉출세연 유교은근촉미
磨莊嚴聚 麋軀曷報修因德 塵劫難逢出世緣 遺敎殷勤囑未

래 귀의삼보개당수 고아일심귀명정례
來 歸依三寶皆當受 故我一心歸命頂禮

일심정례 열반교주 감인세존 관세간적정시신 석가모니불
一心頂禮 涅槃敎主 堪忍世尊 觀世間寂定時身 釋迦牟尼佛

응물이증개비장 환원상차근중소 우방광명호열반 변유선
應物已曾開祕藏 還源相次近中宵 又放光明號涅槃 遍遊禪

정함초월 종지막비관실상 유정영면견무상 신진림당화멸
定咸超越 種智莫非觀實相 有情寧免見無常 薪盡臨當火滅

시 아난어시심미란 고아일심귀명정례
時 阿難於是心迷亂 故我一心歸命頂禮

일심정례 열반교주 감인세존 입사선멸도시신 석가모니불
一心頂禮 涅槃敎主 堪忍世尊 入四禪滅度時身 釋迦牟尼佛

중입사선휴고명 변어삼매시운망 쌍림변학복금관 대지여
重入四禪休顧命 便於三昧示云亡 雙林變鶴覆金棺 大地如

뢰진사계 석범루진애탄게 마사료해전쟁우 혜일자광파조
雷震沙界 釋梵累陳哀歎偈 魔邪聊解戰爭憂 慧日慈光罷照

림 무명장야하당효 고아일심귀명정례
臨 無明長夜何當曉 故我一心歸命頂禮

일심정례 열반교주 감인세존 입금관백첩시신 석가모니불
一心頂禮 涅槃敎主 堪忍世尊 入金棺白疊時身 釋迦牟尼佛

국인상문다비법 천제친전촉루언 비순륜왕소화의 영생범
國人相問茶毘法 天帝親傳囑累言 俾順輪王所化儀 令生梵

중무강복 세첩천중주성체 보관칠잡요선성 재이향천관목
衆無疆福 細疊千重周聖體 寶棺七匝繞仙城 再以香泉灌沐

시 함도묘엄신불괴 고아일심귀명정례
時 咸睹妙嚴身不壞 故我一心歸命頂禮

일심정례 열반교주 감인세존 시음광재구시신 석가모니불
一心頂禮 涅槃敎主 堪忍世尊 示飮光在柩時身 釋迦牟尼佛

존자음광거취령 출선지불이귀진 요망구시도보래 정치도
尊者飮光居鷲嶺 出禪知佛已歸眞 遙望拘尸徒步來 正值闍

유양사일 구중선현신금색 배차잉회족폭륜 최후능수애모
維襄事日 柩中先現身金色 拜次仍迴足輻輪 最後能隨哀慕

심 시위평등자비상 고아일심귀명정례
心 是爲平等慈悲相 故我一心歸命頂禮

일심정례 열반교주 감인세존 입향루화화시신 석가모니불
一心頂禮 涅槃教主 堪忍世尊 入香樓火化時身 釋迦牟尼佛

만자흉중류성화 중향루상설진구 옥상금자경부존 상면소
卍字胸中流聖火 衆香樓上爇眞軀 玉相金姿竟不存 霜綿素

첩환여고 사리정형분국토 탑파고현시인천 아등참생상법
疊還如故 舍利晶熒分國土 塔婆高顯示人天 我等慚生像法

여 공찬당시유화사 고아일심귀명정례
餘 空讚當時遺化事 故我一心歸命頂禮

서향차신수반야 상관아불주니원 불리인연소기심 즉견공
誓向此身修般若 常觀我佛住泥洹 不離因緣所起心 卽見空

중무상체 약효설산서수석 혹어전리거전제 보원유여묘길
中無相體 若效雪山書樹石 或於田里擧筌蹄 普願猶如妙吉

상 구시명료여래성
祥 俱時明了如來性

2. 전각예경 殿閣禮敬

1) 관음전 觀音殿

〈헌향진언 獻香眞言〉

옴 마하 미가 스프라다 시라 두페 스바하[4](3번)

지심귀명례 청정법계 보문행원 대자대비 관세음보살
至心歸命禮 淸淨法界 普門行願 大慈大悲 觀世音菩薩

지심귀명례 일체법계 원통회주 대자대비 관세음보살
至心歸命禮 一切法界 圓通會主 大慈大悲 觀世音菩薩

지심귀명례 사바세계 구고구난 대자대비 관세음보살
至心歸命禮 娑婆世界 救苦求難 大慈大悲 觀世音菩薩

유원 소유여래삼계주 임반무여열반자 아개권청영구주
唯願 所有如來三界主 臨般無餘涅槃者 我皆勸請令久住

불사비원구세간 고아일심귀명정례[5]
不捨悲願救世間 故我一心歸命頂禮

2) 지장전 地藏殿

〈헌향진언 獻香眞言〉

옴 마하 미가 스프라다 시라 두페 스바하(3번)

지심귀명례 나락세계 유명회주 대원자존 지장보살
至心歸命禮 奈落世界 幽冥會主 大願慈尊 地藏菩薩

지심귀명례 사바법계 구호인취 대원자존 지장보살
至心歸命禮 娑婆法界 救護人趣 大願慈尊 地藏菩薩

지심귀명례 중유세계 광도서원 대원자존 지장보살
至心歸命禮 中有世界 廣度誓願 大願慈尊 地藏菩薩

유원 무진지혜존 능생무갈변 여지제유정 소의일부단
唯願 無盡智慧尊 能生無竭辯 如地諸有情 所依一不斷

견혜비민장 고아일심귀명정례⁶⁾
堅慧悲愍藏 故我一心歸命頂禮

3) 약사전 藥師殿

〈헌향진언 獻香眞言〉

옴 마하 미가 스프라다 시라 두페 스바하(3번)

지심귀명례 동방무우세계 무우무량중 약사유리광불
至心歸命禮 東方無憂世界 無憂無量衆 藥師琉璃光佛

지심귀명례 동방유리세계 좌보처 일광변조보살
至心歸命禮 東方琉璃世界 左補處 日光遍照菩薩

지심귀명례 동방유리세계 우보처 월광변조보살
至心歸命禮 東方琉璃世界 右補處 月光遍照菩薩

유원 약사광불묘중중 이어팔난생무난 숙명주지장엄신
唯願 藥師光佛妙衆中 離於八難生無難 宿命住智莊嚴身

원리우미구비지 사무애변십자재 고아일심귀명정례[7)]
遠離愚迷具悲智 四無礙辯十自在 故我一心歸命頂禮

4) 나한전 羅漢殿

〈헌향진언 獻香眞言〉

옴 마하 미가 스프라다 시라 두페 스바하(3번)

나모 제루이진 소작이판 제대아라한
南謨 諸漏已盡 所作已辦 諸隊阿羅漢

나모 체득이리 단제유결 제대아라한
南謨 逮得已利 斷諸有結 諸隊阿羅漢

나모 광조장엄 수습진제 제대아라한
南謨 光照莊嚴 修習眞諦 諸隊阿羅漢

유원 불성문중급연각 설피교문진고도 수학처사동범행
唯願 佛聲聞衆及緣覺 說彼敎門盡苦道 授學處師同梵行

일체물회훼만심 선관시의소당작 고아일심귀명정례[8)]
一切勿懷毀慢心 善觀時宜所當作 故我一心歸命頂禮

3. 불공 佛供

1) 삼보통청 三寶通請

〈정삼업진언 淨三業眞言〉

옴 바즈라 카르마 비조다야 사르바 바라 나니 부다 사비예나
삼마야 훔[9] (3번)

〈대결계진언 大結界眞言〉

마하 사만타 부다남 사르바 트라 누가테 바다야시맘 마하
사마야 니르자테 스마라 나프라티 하데 다카다카 카라카라
반다 다자디잠 사르바 다타가타 다자테 프라바 라다르 마라
다비자예 사르바 다타가타 프라바 라다르 마라 다비자예
바가바티 비쿠 루비 쿠레 레리푸리 스바하[10] (3번)

〈정법계진언 淨法界眞言〉

나모 사만타 부다남 다르마 다투 사르바 스바하[11] (3번)

〈작단진언 作壇眞言〉

옴 난다난다 다티다티 만다 바리 스바하[12] (3번)

26

〈쇄정진언 灑淨眞言〉

나모 사만타 부다남 아프라티 사메 가가나 사매 사만타 누가
테 프라트르티 비주데 다르마 다투 비조다니 스바하[13](3번)

〈지지진언 持地眞言〉

제불자민유정자 유원존념어아등 아금청백제현성
諸佛慈愍有情者 唯願存念於我等 我今請白諸賢聖

견뢰지신병권속 일체여래급불자 불사비원실강림
堅牢地神幷眷屬 一切如來及佛子 不捨悲願悉降臨

아수차지구성취 위작증명가호아[14]
我受此地求成就 爲作證明加護我

나모 사만타 부다남 다르마 다타가타 티스타 나티 스티테
아르자사이 비마사이 스마라니 흐리 티프라리 주데 스바
하[15](3번)

〈개단진언 開壇眞言〉

아금의법이선설 금강계대만다라 피금강계평등상
我今依法而宣說 金剛界大曼拏羅 彼金剛界平等相

차설명위금강계 만다라위청정이 본존대인이섭수
此說名爲金剛界 曼拏羅位淸淨已 本尊大印而攝受

여시보변관찰이 무수지송작성취[16]
如是普遍觀察已　無數持誦作成就

옴 비푸라 아모가 마하 즈바라 비주카 시리시리 스바하[17]

(3번)

〈보례진언 普禮眞言〉

귀명발보리 계수어행체 유원법왕존 애민호념아[18]
歸命發菩提　稽首於行體　惟願法王尊　哀愍護念我

옴 사르바 다타가타 바나맘 나나 카로미[19](3번)

〈예청삼보 禮請三寶〉

나모 진허공변법계 불가설미진찰토 상주제불타
南謨　盡虛空遍法界　不可說微塵刹土　常住諸佛陀

나모 진허공변법계 불가설미진찰토 상주제달마
南謨　盡虛空遍法界　不可說微塵刹土　常住諸達磨

나모 진허공변법계 불가설미진찰토 상주제승가
南謨　盡虛空遍法界　不可說微塵刹土　常住諸僧伽

〈소청성중진언 召請聖衆眞言〉

부작탄지변경각 소청일체불보살 즉찰나간일체불
復作彈指遍警覺　召請一切佛菩薩　卽刹那間一切佛

금강살타동집회[20]
金剛薩埵同集會

나모 사만타 부다 나마 사르바 트라프라티 하테 타다가토
쿠자 보디카르야 파리푸 라카 스바하[21] (3번)

〈참회진언 懺悔眞言〉

귀명시방등정각 최승묘법보살중 이신구의청정업
歸命十方等正覺 最勝妙法菩薩衆 以身口意淸淨業

은근합장공경례 무시윤회제유중 신구의업소생죄
慇懃合掌恭敬禮 無始輪迴諸有中 身口意業所生罪

여불보살소참회 아금진참역여시[22]
如佛菩薩所懺悔 我今陳懺亦如是

옴 사르바 바바주타 사르바 다르마 사르바 바바 주다 함[23]

(3번)

〈찬탄게 讚歎偈〉

우응심발환희심 수희일체복지취 제불보살행원중
又應深發歡喜心 隨喜一切福智聚 諸佛菩薩行願中

금강삼업소생복 연각성문급유정 소집선근진수희[24]
金剛三業所生福 緣覺聲聞及有情 所集善根盡隨喜

⟨헌향진언 獻香眞言⟩

나모 사만타 부다남 다르마 다트밤 우가테 스바하[25] (3번)

⟨헌화진언 獻華眞言⟩

나모 사만타 부다남 마하 마이트르야 부드가테 스바하[26] (3번)

⟨헌다진언 獻茶眞言⟩

나모 사만타 부다남 가가나 사마 사마 스바하[27] (3번)

⟨헌등진언 獻燈眞言⟩

나모 사만타 부다남 타타가타르시 스파라나 바바사나 가가나 우드라야 스바하[28] (3번)

⟨헌공진언 獻供眞言⟩

나모 사만타 부다남 아라라카 라라 바림 다다비 바림 다데 마하 바리 스바하[29] (3번)

⟨예경공양 禮敬供養⟩

지심정례공양 상주삼세 정묘법계 청정법신 비로자나불
至心頂禮供養　常住三世　淨妙法界　淸淨法身　毘盧遮那佛

지심정례공양 상주삼세 정묘법계 원만보신 노사나불
至心頂禮供養　常住三世　淨妙法界　圓滿報身　盧舍那佛

지심정례공양 상주삼세 정묘법계 백억화신 석가모니불
至心頂禮供養　常住三世　淨妙法界　百億化身　釋迦牟尼佛

지심정례공양 진시방연화세계 불가설미진찰토회중
至心頂禮供養　盡十方蓮花世界　不可說微塵刹土會中

상주대원만 일체제불타
常住大圓滿　一切諸佛陀

지심정례공양 진시방연화세계 불가설미진찰토회중
至心頂禮供養　盡十方蓮花世界　不可說微塵刹土會中

상주묘각성취 미륵존불
常住妙覺成就　彌勒尊佛

지심정례공양 진시방연화세계 불가설미진찰토회중
至心頂禮供養　盡十方蓮花世界　不可說微塵刹土會中

상주대원각 일체제달마
常住大圓覺　一切諸達磨

지심정례공양 진시방연화세계 불가설미진찰토회중
至心頂禮供養　盡十方蓮花世界　不可說微塵刹土會中

상주대서원 일체제보살
常住大誓願　一切諸菩薩

지심정례공양 진시방사바세계 불가설미진찰토회중
至心頂禮供養　盡十方娑婆世界　不可說微塵刹土會中

상주수승원 일체제연각
常住秀勝願 一切諸緣覺

지심정례공양 진시방사바세계 불가설미진찰토회중
至心頂禮供養 盡十方娑婆世界 不可說微塵刹土會中

상주수승원 일체제성문
常住秀勝願 一切諸聲聞

지심정례공양 진시방사바세계 불가설미진찰토회중
至心頂禮供養 盡十方娑婆世界 不可說微塵刹土會中

상주청정행 일체제승가
常住淸淨行 一切諸僧伽

이능요익제세간 시고물생사리심 상응무간이계념
以能饒益諸世間 是故勿生捨離心 常應無間而繫念

피등광대제공덕 수기력분상응사 실개승봉이공양
彼等廣大諸功德 隨其力分相應事 悉皆承奉而供養

불성문중급연각 설피교문진고도 수학처사동범행
佛聲聞衆及緣覺 說彼敎門盡苦道 授學處師同梵行

일체물회훼만심 선관시의소당작 화경상응이급시[30]
一切勿懷毀慢心 善觀時宜所當作 和敬相應而給侍

〈참회게 懺悔偈〉

무시생사유전중 구조극중무량죄 친대시방현재불
無始生死流轉中 具造極重無量罪 親對十方現在佛

실개참회불부작[31)
悉皆懺悔不復作

옴 사르바 파파타 하나 바즈라야 스바하[32)(3번)

〈회향게 迴向偈〉

참회권청수희복　원아불실보리심　제불보살묘중중
懺悔勸請隨喜福　願我不失菩提心　諸佛菩薩妙衆中

상위선우불염사　원리팔난생무난　숙명주지상엄신
常爲善友不厭捨　遠離八難生無難　宿命住智相嚴身

원리우미구비지　실능만족바라밀　부락풍요생승족
遠離愚迷具悲智　悉能滿足波羅蜜　富樂豐饒生勝族

권속광다항치성　사무애변십자재　육통제선실원만[33)
眷屬廣多恒熾盛　四無礙辯十自在　六通諸禪悉圓滿

옴 사르바 주다 사르바 타마 사르바 바바 즈다 함[34)(3번)

〈원성취진언 願成就眞言〉

옴 아모카 사르바 타라 스타야 시베 함[35)(3번)

〈보궐진언 補闕眞言〉

나모 사만타 부다남 삼부타 암감 잠남 남맘 스바하[36)(3번)

〈정근 精勤〉

나모 시방삼세 정묘법계 평등상주 광도유정 시아본사
南謨 十方三世 淨妙法界 平等常住 廣度有情 是我本師

석가모니불 석가모니불 석가모니불 ··········
釋迦牟尼佛 釋迦牟尼佛 釋迦牟尼佛 ··········

·········· 천상천하무여불 시방세계역무비 세간소유아진견
·········· 天上天下無如佛 十方世界亦無比 世間所有我盡見

일체무유여불자
一切無有如佛者

〈회향게 迴向偈〉

원멸 사생육도 법계유정 다겁생래제업장 아금참회계수례
願滅 四生六道 法界有情 多劫生來諸業障 我今懺悔稽首禮

원제죄장실소제 세세상행보살도(3번)
願除罪障悉消除 世世上行菩薩道

이후 축원 以後 祝願

34

2) 관음청 觀音請

〈정삼업진언 淨三業眞言〉

옴 바즈라 카르마 비조다야 사르바 바라 나니 부다 사베나 삼마야 훔[37](3번)

〈결계진언 結界眞言〉

옴 아미타 비로키네 사르바 삼르차니 아카르사니 훔 훔 파파 투투 훔 스바하[38](3번)

〈정법계진언 淨法界眞言〉

나모 사만타 부다남 다르마 다투 사르바 스바하(3번)

〈작단진언 作壇眞言〉

옴 난다난다 다티다티 맘다 바리 스바하(3번)

〈쇄정진언 灑淨眞言〉

나모 사만타 부다남 아프라티 사메 가가나 사매 사만타 누가 테 프라트르티 비주데 다르마 다투 비조다니 스바하(3번)

〈지지진언 持地眞言〉

나모 사만타 부다남 다르마 다타가타 티스타 나티 스티테 아르자사이 비마사이 스마라니 흐리 티프라리 주데 스바하[39](3번)

〈개단진언 開壇眞言〉

옴 비푸라 아모가 마하 즈바라 비주카 시리시리 스바하[40] (3번)

〈보례진언 普禮眞言〉

귀명발보리　계수어행체　유원관음존　애민호념아
歸命發菩提　稽首於行體　惟願觀音尊　哀愍護念我

옴 사르바 다타가타 부다남 다나 카로미(3번)

〈청관음 請觀音〉

나모　원통회상　백억응신　관세음보살
南謨　圓通會上　百億應身　觀世音菩薩

나모　사바세계　대자대비　관세음보살
南謨　娑婆世界　大慈大悲　觀世音菩薩

나모　결계도량　안락존주　관세음보살
南謨　結界道場　安樂尊主　觀世音菩薩

36

〈소청진언 召請眞言〉

옴 두로 두로 아바야 아가라 자비 캄[41](3번)

〈참회진언 懺悔眞言〉

약조오역극중죄 발로참회죄경미 영단상속멸죄근
若造五逆極重罪 發露懺悔罪輕微 永斷相續滅罪根

여장부발연근수[42]
如壯夫拔連根樹

옴 사르바 파파타 하나 바즈라야 스바하[43](3번)

〈찬탄게 讚歎偈〉

구출오색광 연화엽형설 찬탄대비자 조어사자법
口出五色光 蓮華葉形舌 讚歎大悲者 調御師子法

호세관세음 필정소독해 정어삼독근 성불도무의[44]
護世觀世音 畢定消毒害 淨於三毒根 成佛道無疑

〈보공양진언 普供養眞言〉

옴 아모가 파드미 마하 사르타이야 만다레 티리티리 미리미
리 프라마 푸제 스바하[45](3번)

〈헌향진언 獻香眞言〉

나모 사만타 부다남 다르마 다타가타테 스바하[46](3번)

〈헌등진언 獻燈眞言〉

나모 사만타 부다남 타타가타르시 스파라나 바바사나 가가나
우드라야 스바하[47](3번)

〈예경공양 禮敬供養〉

지심정례공양 청정법계 보문행원 대자대비 관세음보살
至心頂禮供養 淸淨法界 普門行願 大慈大悲 觀世音菩薩

지심정례공양 일체법계 원통회주 대자대비 관세음보살
至心頂禮供養 一切法界 圓通會主 大慈大悲 觀世音菩薩

지심정례공양 사바세계 구고구난 대자대비 관세음보살
至心頂禮供養 娑婆世界 救苦求難 大慈大悲 觀世音菩薩

제불보살묘중중 상위선우불염사 이어팔난생무난
諸佛菩薩妙衆中 常爲善友不厭捨 離於八難生無難

숙명주지상엄신 원리우미구비지 실능만족바라밀
宿命住智相嚴身 遠離愚迷具悲智 悉能滿足波羅蜜

부락풍요생승족 권속광다항치성 사무애변십자재[48]
富樂豐饒生勝族 眷屬廣多恒熾盛 四無礙辯十自在

38

〈정근 精勤〉

나모 보문행원 원통회주 구고구난 대자대비 관세음보살
南謨 普聞行願 圓通會主 求苦求難 大慈大悲 觀世音菩薩

·········· 관조자재최상존 보변관찰대승주 위세광명이세간
·········· 觀照自在最上尊 普遍觀察大勝主 爲世光明利世間

계수귀명세자재 고아일심귀명정례
稽首歸命世自在 故我一心歸命頂禮 49)

〈회향게 迴向偈〉

원멸 사생육도 법계유정 다겁생래제업장 아금참회계수례
願滅 四生六道 法界有情 多劫生來諸業障 我今懺悔稽首禮

원제죄장실소제 세세상행보살도(3번)
願除罪障悉消除 世世上行菩薩道

이후 축원 以後 祝願

3) 지장전 地藏殿

〈정삼업진언 淨三業眞言〉

옴 바즈라 카르마 비조다야 사르바 바라 나니 부다 사베나
삼마야 훔(3번)

〈결계진언 結界眞言〉

옴 파두모 수니사 아모가 만드레 캄[50](3번)

〈정법계진언 淨法界眞言〉

나모 사만타 부다남 다르마 다투 사르바 스바하(3번)

〈작단진언 作壇眞言〉

옴 난다 난다 다티 다티 맘다 바리 스바하(3번)

〈쇄정진언 灑淨眞言〉

나모 사만타 부다남 아프라티 사메 가가나 사매 사만타 누가
테 프라트르티 비주데 다르마 다투 비조다니 스바하

〈지지진언 持地眞言〉

나모 사만타 부다남 다르마 다타가타 티스타 나티 스티테
아르자사이 비마사이 스마라니 흐리 티프라리 주데 스바
하[51](3번)

〈개단진언 開壇眞言〉

옴 비푸라 아모가 마하 즈바라 비주카 시리시리 스바하[52](3번)

〈보례진언 普禮眞言〉

귀명발보리 계수어행체 유원지장존 애민호념아
歸命發菩提 稽首於行體 惟願地藏尊 哀愍護念我

옴 사르바 다타가타 부다남 다나 카로미(3번)

〈영청 迎請〉

나모 유명세계 제도응현 대원자존 지장보살
南謨 幽冥世界 濟度應現 大願慈尊 地藏菩薩

나모 중음세계 천도응현 대원자존 지장보살
南謨 中陰世界 薦度應現 大願慈尊 地藏菩薩

나모 사바세계 구도화현 대원자존 지장보살
南謨 娑婆世界 求道化現 大願慈尊 地藏菩薩

〈소청진언 召請眞言〉

옴 두로 두로 아바야 아가라 자비 캄(3번)

〈참회진언 懺悔眞言〉

약조오역극중죄 발로참회죄경미 영단상속멸죄근
若造五逆極重罪 發露懺悔罪輕微 永斷相續滅罪根

여장부발연근수
如壯夫拔連根樹

옴 사르바 파파 타 하나 바즈라야 스바하[53)](3번)

〈찬탄게 讚歎偈〉

지장마하살 기좌극교엄 신처어염태 잡보장엄지
地藏摩訶薩 其座極巧嚴 身處於焰胎 雜寶莊嚴地

기착호상간 사보위연화 성자소안주 급여대명칭
綺錯互相間 四寶爲蓮華 聖者所安住 及與大名稱[54]

〈보공양진언 普供養眞言〉

옴 아모가 파드미 마하 사르타이야 만다레 티리티리 미리미
리 프라마 푸제 스바하(3번)

〈헌향진언 獻香眞言〉

나모 사만타 부다남 다르마 다타가타테 스바하(3번)

〈헌등진언 獻燈眞言〉

나모 사만타 부다남 타타가타르시 스파라나 바바사나 가가
나 우드라야 스바하(3번)

〈예경공양 禮敬供養〉

지심귀명례 나락세계 유명교주 대원자존 지장보살
至心歸命禮　奈落世界　幽冥敎主　大願慈尊　地藏菩薩

지심귀명례 사바세계 구호인취 대원자존 지장보살
至心歸命禮　娑婆世界　救護人趣　大願慈尊　地藏菩薩

지심귀명례 중유세계 광도서원 대원자존 지장보살
至心歸命禮　中有世界　廣度誓願　大願慈尊　地藏菩薩

위리중생무탐석 상위법고이사신 피골육혈시중생
爲利衆生無貪惜　常爲法故而捨身　皮骨肉血施衆生

이소득락개실사 유대자비위일체 어제중생번뇌망
已所得樂皆悉捨　有大慈悲爲一切　於諸衆生煩惱網

수행적멸실초도 개폐일체육정근 상능원리어제욕[55]
修行寂滅悉超度　開閉一切六情根　常能遠離於諸欲

〈정근 精勤〉

나모 남방화주 유명교주 대원본존 지장보살 지장보살
南謨　南方化主　幽冥敎主　大圓本尊　地藏菩薩　地藏菩薩

……… 본원욕도탁오세 성취일체제중생 능생견고근정진
………　本願欲度濁惡世　成就一切諸衆生　能生堅固懃精進

초과무량제고행 고아일심귀명정례
超過無量諸苦行　故我一心歸命頂禮[56]

〈멸정업진언 滅淨業眞言〉

옴 프라 마니다니 스바하[57](3번)

〈회향게 迴向偈〉

원멸 사생육도 법계유정 다겁생래제업장 아금참회계수례
願滅　四生六道　法界有情　多劫生來諸業障　我今懺悔稽首禮

원제죄장실소제 세세상행보살도(3번)
願除罪障悉消除　世世上行菩薩道

이후 축원 以後 祝願

4) 약사전 藥師殿

〈정삼업진언 淨三業眞言〉

옴 바즈라 카르마 비조다야 사르바 바라 나니 부다 사볘나
삼마야 홈(3번)

〈결계진언 結界眞言〉

옴 파두모 수니사 아모가 만드레 캄[58](3번)

〈정법계진언 淨法界眞言〉

나모 사만타 부다남 다르마 다투 사르바 스바하(3번)

〈작단진언 作壇眞言〉

옴 난다 난다 다티 다티 맘다 바리 스바하(3번)

〈쇄정진언 灑淨眞言〉

나모 사만타 부다남 아프라티 사메 가가나 사매 사만타 누가테
프라트르티 비주데 다르마 다투 비조다니 스바하(3번)

〈지지진언 持地眞言〉

나모 사만타 부다남 다르마 다타가타 티스타 나티 스티테
아르자사이 비마사이 스마라니 흐리 티프라리 주데 스바
하[59](3번)

〈개단진언 開壇眞言〉

옴 비푸라 아모가 마하 즈바라 비주카 시리시리 스바하[60]
(3번)

〈보례진언 普禮眞言〉

귀명발보리 계수어행체 유원약사존 애민호념아
歸命發菩提 稽首於行體 惟願藥師尊 哀愍護念我

옴 사르바 다타가타 부다남 다나 카로미(3번)

〈영청 迎請〉

나모 묘보화왕 무량공덕 약사유리광불
南謨 妙寶花王 無量功德 藥師琉璃光佛

나모 수원전성 종종장엄 일광변조보살
南謨 隨願轉成 種種莊嚴 日光遍照菩薩

나모 수원전성 종종장엄 월광변조보살
南謨 隨願轉成 種種莊嚴 月光遍照菩薩

〈소청진언 召請眞言〉

옴 두로두로 아바야 아가라 자비 캄(3번)

〈참회진언 懺悔眞言〉

귀명시방정등각 최승묘법보리중 이신구의청정업
歸命十方正等覺 最勝妙法菩提衆 以身口意清淨業

은근합장공경례 무시윤회제유중 신구의업소생죄
殷勤合掌恭敬禮 無始輪迴諸有中 身口意業所生罪

여불보살소참회 아금진참역여시⁶¹⁾
如佛菩薩所懺悔 我今陳懺亦如是

옴 사르바 파파타 하나 바즈라야 스바하⁶²⁾

〈찬탄게 讚歎偈〉

아금심발환희심 수희일체복지취 제불보살행원중
我今深發歡喜心 隨喜一切福智聚 諸佛菩薩行願中

금강삼업소생복 연각성문급유정 소집선근진수희⁶³⁾
金剛三業所生福 緣覺聲聞及有情 所集善根盡隨喜

〈보공양진언 普供養眞言〉

옴 아모가 푸자 마니 파드메 바즈라 타타가타 비로키테 사만
타 프라 사르바 훔⁶⁴⁾(3번)

〈헌향진언 獻香眞言〉

아카라 아카라 사르바 브티야 타라 푸지카 스바하(3번)

〈헌등진언 獻燈眞言〉

옴 아로카야 아로카야 사르바 브티야 타라 푸지테 스바하(3번)

〈예경공양 禮敬供養〉

지심귀명례 동방무우세계 무우무량중 약사유리광불
至心歸命禮 東方無憂世界 無憂無量衆 藥師琉璃光佛

지심귀명례 동방유리세계 좌보처 일광변조보살
至心歸命禮 東方琉璃世界 左補處 日光遍照菩薩

지심귀명례 동방유리세계 우보처 월광변조보살
至心歸命禮 東方琉璃世界 右補處 月光遍照菩薩

제불보살묘중중 상위선우불염사 이어팔난생무난
諸佛菩薩妙衆中 常爲善友不厭捨 離於八難生無難

숙명주지장엄신 원리우미구비지 실능만족바라밀
宿命住智莊嚴身 遠離愚迷具悲智 悉能滿足波羅蜜

이차공덕시중생 복덕지혜소적취 복덕지혜소발생
以此功德施衆生 福德智慧所積聚 福德智慧所發生

획득최묘이승신 일약능치제고난 일체안락발생지
獲得最妙二勝身 一藥能治諸苦難 一切安樂發生地

원득공양급공경 성교영원상주세 제불보살섭수력
願得供養及恭敬 聖敎永遠常住世 諸佛菩薩攝授力

인연불상진실력 병이아신청정력 일체소원개원만⁶⁵⁾
因緣不爽眞實力 倂以我信淸淨力 一切所願皆圓滿

48

〈정근 精勤〉

나모 동방순정유리세계 무제고뇌 업장항마 약사여래불
南謨 東方純淨琉璃世界 無諸苦惱 業障降魔 藥師如來佛

……… 약사여래불 약사여래불
……… 藥師如來佛 藥師如來佛

대비세존평등섭 문명즉식악취고 제삼독병약사불
大悲世尊平等攝 聞名卽息惡趣苦 除三毒病藥師佛

유리광불아경례[66]
琉璃光佛我敬禮

원멸 사생육도 법계유정 다겁생래제업장 아금참회계수례
願滅 四生六道 法界有情 多劫生來諸業障 我今懺悔稽首禮

원제죄장실소제 세세상행보살도(3번)
願除罪障悉消除 世世上行菩薩道

이후 축원 以後 祝願

5) 나한청 羅漢請

〈정삼업진언 淨三業眞言〉

옴 바즈라 카르마 비조다야 사르바 바라 나니 부다 사비예나
삼마야 훔(3번)

⟨대결계진언 大結界眞言⟩

옴 아미타 비로키네 사르바 삼르차니 아카르사니 훔 훔 파파
투투 훔 스바하(3번)

⟨정법계진언 淨法界眞言⟩

나모 사만타 부다남 다르마 다투 사르바 스바하(3번)

⟨작단진언 作壇眞言⟩

옴 난다 난다 다티 다티 만다 바리 스바하(3번)

⟨쇄정진언 灑淨眞言⟩

나모 사만타 부다남 아프라티 사메 가가나 사매 사만타 누가테
프라트르티 비주데 다르마 다투 비조다니 스바하(3번)

⟨지지진언 持地眞言⟩

제불자민유정자 유원존념어아등 아금청백제현성
諸佛慈愍有情者 唯願存念於我等 我今請白諸賢聖

견뢰지신병권속 일체여래급불자 불사비원실강림
堅牢地神幷眷屬 一切如來及佛子 不捨悲願悉降臨

아수차지구성취 위작증명가호아
我受此地求成就 爲作證明加護我

나모 사만타 부다남 다르마 다타가타 티스타 나티 스티테
아르자사이 비마사이 스마라니 흐리 티프라리 주데 스바하
(3번)

〈개단진언 開壇眞言〉

아금의법이선설 금강계대만다라 피금강계평등상
我今依法而宣說 金剛界大曼拏羅 彼金剛界平等相

차설명위금강계 만다라위청정이 본존대인이섭수
此說名爲金剛界 曼拏羅位淸淨已 本尊大印而攝受

여시보변관찰이 무수지송작성취
如是普遍觀察已 無數持誦作成就

옴 비푸라 아모가 마하 즈바라 비주카 시리시리 스바하(3번)

〈보례진언 普禮眞言〉

귀명발보리 계수어행체 유원성문존 애민호념아
歸命發菩提 稽首於行體 惟願聲聞尊 哀愍護念我

옴 사르바 다타가타 바나맘 나나 카로미(3번)

〈예청나한 禮請羅漢〉

나모 제루이진 소작이판 제대아라한
南謨 諸漏已盡 所作已辦 諸隊阿羅漢

나모 체득이리 단제유결 제대아라한
南謨 逮得已利 斷諸有結 諸隊阿羅漢

나모 광조장엄 수습진제 제대아라한
南謨 光照莊嚴 修習眞諦 諸隊阿羅漢

〈소청성중진언 召請聖衆眞言〉

부작탄지변경각 소청일체제나한 즉찰나간일체불
復作彈指遍警覺 召請一切諸羅漢 卽刹那間一切佛

금강살타동집회
金剛薩埵同集會

나모 사만타 부다 나마 사르바 트라 프라티 하테 타다가토

쿠자 보디 카르야 파리푸 라카 스바하(3번)

〈참회진언 懺悔眞言〉

귀명시방등정각 최승묘법나한중 이신구의청정업
歸命十方等正覺 最勝妙法羅漢衆 以身口意淸淨業

은근합장공경례 무시윤회제유중 신구의업소생죄
慇懃合掌恭敬禮 無始輪廻諸有中 身口意業所生罪

52

여불보살소참회 아금진참역여시
如佛菩薩所懺悔 我今陳懺亦如是

옴 사르바 바바주타 사르바 다르마 사르바 바바 주다 함

〈찬탄게 讚歎偈〉

우응심발환희심 수희일체복지취 제불나한행원중
又應深發歡喜心 隨喜一切福智聚 諸佛羅漢行願中

금강삼업소생복 연각성문급유정 소집선근진수희
金剛三業所生福 緣覺聲聞及有情 所集善根盡隨喜

〈보공양진언 普供養眞言 三遍〉

나모 사만타 부다남 사르바 다캄 유드가티 스파라 히맘 가가나
캄 스바하(3번)

〈헌향진언 獻香眞言〉

나모 사만타 부다남 다르마 다트밤 우가테 스바하(3번)

〈헌다진언 獻茶眞言〉

나모 사만타 부다남 가가나 사마 사마 스바하(3번)

〈헌화진언 獻華眞言〉

나모 사만타 부다남 마하 마이트리야 부드가테 스바하(3번)

〈헌등진언 獻燈眞言〉

나모 사만타 부다남 타타가타 르시 스파라나 바바사나 가가나
우드라야 스바하(3번)

〈예경공양 禮敬供養〉

지심정례공양 상주삼세 정묘법계 청정법신 비로자나불
至心頂禮供養 常住三世 淨妙法界 淸淨法身 毘盧遮那佛

지심정례공양 상주삼세 정묘법계 원만보신 노사나불
至心頂禮供養 常住三世 淨妙法界 圓滿報身 盧舍那佛

지심정례공양 상주삼세 정묘법계 백억화신 석가모니불
至心頂禮供養 常住三世 淨妙法界 百億化身 釋迦牟尼佛

지심정례공양 진시방연화세계 불가설미진찰토회중
至心頂禮供養 盡十方蓮花世界 不可說微塵刹土會中

상주대원만 일체제불타
常住大圓滿 一切諸佛陀

지심정례공양 진시방연화세계 불가설미진찰토회중
至心頂禮供養 盡十方蓮花世界 不可說微塵刹土會中

54

상주묘각성취 미륵존불
常住妙覺成就 彌勒尊佛

지심정례공양 진시방연화세계 불가설미진찰토회중
至心頂禮供養 盡十方蓮花世界 不可說微塵刹土會中

상주대원각 일체제달마
常住大圓覺 一切諸達磨

지심정례공양 진시방연화세계 불가설미진찰토회중
至心頂禮供養 盡十方蓮花世界 不可說微塵刹土會中

상주대서원 일체제보살
常住大誓願 一切諸菩薩

지심정례공양 진시방사바세계 불가설미진찰토회중
至心頂禮供養 盡十方娑婆世界 不可說微塵刹土會中

상주수승원 일체제연각
常住秀勝願 一切諸緣覺

지심정례공양 진시방사바세계 불가설미진찰토회중
至心頂禮供養 盡十方娑婆世界 不可說微塵刹土會中

상주수승원 일체제성문
常住秀勝願 一切諸聲聞

지심정례공양 진시방사바세계 불가설미진찰토회중
至心頂禮供養 盡十方娑婆世界 不可說微塵刹土會中

상주청정행 일체제승가
常住淸淨行 一切諸僧伽

이능요익제세간 시고물생사리심 상응무간이계념
以能饒益諸世間 是故勿生捨離心 常應無間而繫念

피등광대제공덕 수기력분상응사 실개승봉이공양
彼等廣大諸功德 隨其力分相應事 悉皆承奉而供養

불성문중급연각 설피교문진고도 수학처사동범행
佛聲聞衆及緣覺 說彼敎門盡苦道 授學處師同梵行

일체물회훼만심 선관시의소당작 화경상응이급시
一切勿懷毁慢心 善觀時宜所當作 和敬相應而給侍

〈참회게 懺悔偈〉

무시생사유전중 구조극중무량죄 친대시방현재불
無始生死流轉中 具造極重無量罪 親對十方現在佛

실개참회불부작
悉皆懺悔不復作

옴 사르바 파파타 하나 바즈라야 스바하(3번)

〈회향게 迴向偈〉

참회권청수희복 원아불실보리심 제불나한묘중중
懺悔勸請隨喜福 願我不失菩提心 諸佛羅漢妙衆中

상위선우불염사 원리팔난생무난 숙명주지상엄신
常爲善友不厭捨 遠離八難生無難 宿命住智相嚴身

원리우미구비지 실능만족바라밀 부락풍요생승족
遠離愚迷具悲智 悉能滿足波羅蜜 富樂豐饒生勝族

권속광다항치성 사무애변십자재 육통제선실원만
眷屬廣多恒熾盛 四無礙辯十自在 六通諸禪悉圓滿

육통제선실원만 여금강당급보현 원찬회향역여시
六通諸禪悉圓滿 如金剛幢及普賢 願讚迴向亦如是

옴 사르바 주다 사르바 타마 사르바 바바 주다 함(3번)

〈원성취진언 願成就眞言〉

옴 아모카 사르바 타라 스타야 시베 함(3번)

〈보궐진언 補闕眞言〉

나모 사만타 부다남 삼부타 암감 잠남 남맘 스바하(3번)

〈정근 精勤〉

나모 영산회상 육통삼명 제근조복 구족위덕 제루진멸
南謨 靈山會上 六通三明 諸根調伏 具足威德 諸漏盡滅

상주법신 불위팔염 제대아라한 제대성중 제대성중
常住法身 不爲八染 諸隊阿羅漢 諸隊聖衆 諸隊聖衆

……… 응진승지제근조 여교동유구주세 유통불법작양호
……… 應眞勝智諸根調 與敎同有久住世 流通佛法作攘護

제대성중아경례[67]
諸隊聖衆我敬禮

〈회향게 迴向偈〉

원멸 사생육도 법계유정 다겁생래제업장 아금참회계수례
願滅 四生六道 法界有情 多劫生來諸業障 我今懺悔稽首禮

원제죄장실소제 세세상행보살도(3번)
願除罪障悉消除 世世上行菩薩道

이후 축원 以後 祝願

6) 신중청 神衆請

〈정삼업진언 淨三業眞言〉

사르바 바바 주다 사르마 다르마 사르바 주도함[68](3번)

〈결계진언 結界眞言〉

옴 디바르타 마미 아로치라 키리티 훔 훔 바타[69](3번)

〈정법계진언 淨法界眞言〉

나모 사만타 부다남 다르마 다투 사르바 스바하(3번)

〈보례진언 普禮眞言〉

대천자재위신력 능만중생무량원 영소구자원개성
大天自在威神力 能滿衆生無量願 令所求者願皆成

영구애경원개성[70]
令求愛敬願皆成

옴 바즈라 무크사 부(3번)

〈예청신중 禮請神衆〉

나모 금강회상 일체호법 상주제신중
南模 金剛會上 一切護法 常住諸神衆

나모 호법회상 호세팔부 상주제신중
南模 護法會上 護世八部 常住諸神衆

나모 범천회상 옹호제천 상주제신중
南模 梵天會上 擁護諸天 常住諸神衆

〈보소청진언 普召請眞言〉

선토수념영원만 제석제천실공양 개공칭탄가귀의
善土隨念令圓滿 帝釋諸天悉供養 皆共稱歎可歸依

중덕능생능염시[71]
衆德能生能念示

나모 사만타 부다남 옴 사르바 니비타남 에헤히 안티아 수마

사다크사트라 라호케투 나바다사 비마나 아스타비그자티

테키 훔 자[72](3번)

〈헌좌진언 獻座眞言〉

금강좌상위군생 후야항마성정각 현제희유길상사
金剛座上爲群生 後夜降魔成正覺 現諸希有吉祥事

원여차좌실능성[73]
願汝此座悉能成

옴 훔 훔 미퐈 타 미퐈 타[74](3번)

〈헌향진언 獻香眞言〉

옴 시바리타 마니 아푸라 사파라마 미가티 훔[75](3번)

〈헌등진언 獻燈眞言〉

옴 시바리타 시카리 타바리 훔 훔 시타(3번)

〈예배공양 禮拜供養〉

지심정례공양 금강회상 일체호법 상주제신중
至心頂禮供養 金剛會上 一切護法 常住諸神衆

지심정례공양 호법회상 호세팔부 상주제신중
至心頂禮供養 護法會上 護世八部 常住諸神衆

지심정례공양 범천회상 옹호제천 상주제신중
至心頂禮供養 梵天會上 擁護諸天 常住諸神衆

일체귀신함귀복 염부중생역부연 능어육도발고뇌
一切鬼神咸歸伏 閻浮衆生亦復然 能於六道拔苦惱

함개사지령쾌락 약유중생문기명 임종지시불경포[76]
咸皆使之令快樂 若有衆生聞其名 臨終之時不驚怖

⟨보공양진언 普供養眞言⟩

옴 프라라즈라 아그라바티 사라사라 함 함[77](3번)

⟨감로진언 甘露眞言⟩

나모 수루파야 타타가타야 옴 수루 프라 수루 스바하[78](3번)

⟨원성취진언 願成就眞言⟩

나모 라트나 트라야야 나모 마야 마하 야크사 세나 프라타야
옴 자캄 바라 자리드라 스바하[79](3번)

⟨보궐진언 補闕眞言⟩

나모 사만타 부다남 삼부다 암감 잠남 남맘 스바하(3번)

〈회향게 迴向偈〉

원대금강청정중 발절라저자수심 어차도량예념처
願大金剛淸淨衆 跋折羅杵自隨心 於此道場禮念處

주잡위요작결계[80]
周匝圍繞作結界

옴 사르바 주다 사르바 타마 사르바 바바 주두 함(3번)

〈항마진언 降魔眞言〉

나모 사만타 부다남 마하 바라 바다자 바로우바 마하 마트리야

비우바 스바하[81](3번)

〈마하반야바라밀다심경 摩訶般若波羅密多心經〉

관자재보살 행심반야바라밀다시 조견오온개공 도일체고
觀自在菩薩 行深般若波羅密多時 照見五蘊皆空 度一切苦

액 사리자 색불이공 공불이색 색즉시공 공즉시색 수상행
厄 舍利子 色不異空 空不異色 色卽是空 空卽是色 受想行

식 역부여시 사리자 시제법공상 불생불멸 불구부정 부증
識 亦復如是 舍利子 是諸法空相 不生不滅 不垢不淨 不增

불감 시고 공중무색 무수상행식 무안이비설신의 무색성향
不減 是故 空中無色 無受想行識 無眼耳鼻舌身意 無色聲香

미촉법 무안계 내지 무의식계 무무명 역무무명진 내지무
味觸法 無眼界 乃至 無意識界 無無明 亦無無明盡 乃至無

노사 역무노사진 무고집멸도 무지역무득 이무소득고 보리
老死 亦無老死盡 無苦集滅道 無智亦無得 以無所得故 菩提

살타의 반야바라밀다 고심무가애 무가애고 무유공포
薩埵依 般若波羅密多 故心無罣碍 無罣碍故 無有恐怖

원리전도몽상 구경열반 삼세제불의 반야바라밀다 고득
遠離顚倒夢想 究竟涅槃 三世諸佛依 般若波羅密多 故得

아뇩다라삼먁삼보리 고지반야바라밀다 시대신주 시대명
阿耨多羅三藐三菩提 故知般若波羅密多 是大神呪 是大明

주 시무상주 시무등등주 능제일체고 진실불허 고설 반야
呪 是無上呪 是無等等呪 能除一切苦 眞實不虛 故說 般若

바라밀다주 즉설주왈
波羅密多呪 卽說呪曰

가테 가테 파라가테 파라삼가테 보디 스바하(3번)

나모 금강회상 호법제선 옹호신중 옹호신중 옹호신중
南模 金剛會上 護法諸善 擁護神衆 擁護神衆 擁護神衆

……… 제유청도래지차 혹재지상혹거공 상어인세기자심
……… 諸有聽徒來至此 或在地上或居空 常於人世起慈心

일야자신의법주 고아일심 귀명정례[82]
日夜自身依法住 故我一心 歸命頂禮

이후 축원 以後 祝願

Ⅱ.
참법의
懺法儀

1. 천불참법 千佛懺法

〈정삼업진언 淨三業眞言〉

옴 바즈라 카르마 비조다야 사르바 바라 나니 부다 사비예나
삼마야 훔(3번)

〈대결계진언 大結界眞言〉

마하 사만타 부다남 사르바 트라 누가테 바다야시맘 마하
사마야 니르자테 스마라 나프라티 하데 다카다카 카라카라
반다 다자디잠 사르바 다타가타 다자테 프라바 라다르 마라
다비자예 사르바 다타가타 프라바 라다르 마라 다비자예
바가바티 비쿠 루비 쿠레 레리푸리 스바하(3번)

〈법계생진언 法界生眞言〉

나모 사만타 부다남 다르마 다투 스바바 바코 함[83](3번)

〈여래좌진언 如來座眞言〉

나모 사만타 부다남 아(3번)

계수석가모니불 개부정안여청련 아의대일경왕설
稽首釋迦牟尼佛 開敷淨眼如靑蓮 我依大日經王說

66

공양소자중의궤 여피당득속성취 연초자타이성취
供養所資衆儀軌 如彼當得速成就 然初自他利成就

무상지원지방편 발기실지유신해 일체여래승생자
無上智願之方便 發起悉地由信解 一切如來勝生子

피등불신진언형 소주종종인위의 수승진언소행도
彼等佛身眞言形 所住種種印威儀 殊勝眞言所行道

급방광승개제신 애민윤회육취중 수순요익고개연
及方廣乘皆諦信 哀愍輪迴六趣衆 隨順饒益故開演

응당공경결정의 역기근성심신심 지묘진언조복행
應當恭敬決定意 亦起勤誠深信心 知妙眞言調伏行

해료구연중지분 득수전교인가이 견여시사공경례
解了具緣衆支分 得受傳敎印可已 見如是師恭敬禮

첨앙유여세도사 공양급시수소안 선순사의령환희
瞻仰猶如世導師 供養給侍隨所安 善順師意令歡喜

계수청승선서행 원존여응교수아 피사자재이건립
稽首請勝善逝行 願尊如應敎授我 彼師自在而建立

대비장등묘원단 의법소입만다라 수기수여삼매야
大悲藏等妙圓壇 依法召入曼茶羅 隨器授與三昧耶

도량교본진언인 친어존소구전수 수기력분상응사
道場敎本眞言印 親於尊所口傳授 隨其力分相應事

실개봉청이공양 수학처사동범행 일체물회훼괴심
悉皆奉請而供養 授學處師同梵行 一切勿懷毀壞心

차례관정전교존 청백진언소수업 지자몽사인가이
次禮灌頂傳教尊 請白眞言所修業 智者蒙師印可已

의어지분소의쳐 여법건립만다라 우상구족감인혜
依於地分所宜處 如法建立曼茶羅 又常具足堪忍慧

정명선반혹무반 당여묘법경권구 자타현법작성취
淨命善伴或無伴 當與妙法經卷俱 自他現法作成就

불수여천무외의 구차명위량조반 피작성취처소이
不隨餘天無畏依 具此名爲良助伴 彼作成就處所已

매일선주어념혜 의법침식초기시 제제무진위장자
每日先住於念慧 依法寢息初起時 除諸無盡爲障者

성심사념시방불 당의본존소재방 오륜투지이작례
誠心思念十方佛 當依本尊所在方 五輪投地而作禮

귀명시방등정각 삼세일체구삼신 귀명일체대승법
歸命十方等正覺 三世一切具三身 歸命一切大乘法

귀명불퇴보리중 귀명제명비밀존 삼업청정공경례[84]
歸命不退菩提衆 歸命諸明祕密尊 三業淸淨恭敬禮

〈참회멸죄진언 懺悔滅罪眞言〉

옴 사르바 파파타 하나 바즈라야 스바하 (3번)

지심귀명례 구류손불   지심귀명례 구나함모니불
至心歸命禮 拘留孫佛[1]   至心歸命禮 拘那含牟尼佛[2]

68

지심귀명례 가섭불 　　　지심귀명례 석가모니불
　　　迦葉佛[3] 　　　　　　　釋迦牟尼佛[4]

지심귀명례 미륵불 　　　지심귀명례 사자불
　　　彌勒佛[5] 　　　　　　　師子佛[6]

지심귀명례 명염불 　　　지심귀명례 모니불
　　　明焰佛[7] 　　　　　　　牟尼佛[8]

지심귀명례 묘화불 　　　지심귀명례 화씨불
　　　妙華佛[9] 　　　　　　　華氏佛[10]

지심귀명례 선숙불 　　　지심귀명례 도사불
　　　善宿佛[11] 　　　　　　　導師佛[12]

지심귀명례 대비불 　　　지심귀명례 대력불
　　　大臂佛[13] 　　　　　　　大力佛[14]

지심귀명례 숙왕불 　　　지심귀명례 수약불
　　　宿王佛[15] 　　　　　　　修藥佛[16]

지심귀명례 명상불 　　　지심귀명례 대명불
　　　名相佛[17] 　　　　　　　大明佛[18]

지심귀명례 염견불 　　　지심귀명례 조요불
　　　焰肩佛[19] 　　　　　　　照曜佛[20]

지심귀명례 일장불 　　　지심귀명례 월씨불
　　　日藏佛[21] 　　　　　　　月氏佛[22]

지심귀명례 중염불 　　　지심귀명례 선명불
　　　衆焰佛[23] 　　　　　　　善明佛[24]

지심귀명례 무우불
無憂佛 [25]

지심귀명례 제사불
提沙佛 [26]

지심귀명례 명요불
明曜佛 [27]

지심귀명례 지만불
持鬘佛 [28]

지심귀명례 공덕명불
功德明佛 [29]

지심귀명례 시의불
示義佛 [30]

지심귀명례 등요불
燈曜佛 [31]

지심귀명례 흥성불
興盛佛 [32]

지심귀명례 약사불
藥師佛 [33]

지심귀명례 선유불
善濡佛 [34]

지심귀명례 백호불
白毫佛 [35]

지심귀명례 견고불
堅固佛 [36]

지심귀명례 복위덕불
福威德佛 [37]

지심귀명례 불가괴불
不可壞佛 [38]

지심귀명례 덕상불
德相佛 [39]

지심귀명례 라후불
羅睺佛 [40]

지심귀명례 중주불
衆主佛 [41]

지심귀명례 범성불
梵聲佛 [42]

지심귀명례 견제불
堅際佛 [43]

지심귀명례 불고불
不高佛 [44]

지심귀명례 작명불
作明佛 [45]

지심귀명례 대산불
大山佛 [46]

지심귀명례 금강불
金剛佛 [47]

지심귀명례 장중불
將衆佛 [48]

지심귀명례 무외불
無畏佛 [49]

지심귀명례 진보불
珍寶佛 [50]

지심귀명례 화일불
華日佛 [51]

지심귀명례 군력불
軍力佛 [52]

지심귀명례 향염불
香焰佛 [53]

지심귀명례 인애불
仁愛佛 [54]

지심귀명례 대위덕불
大威德佛 [55]

지심귀명례 범왕불
梵王佛 [56]

지심귀명례 무량명불
無量明佛 [57]

지심귀명례 용덕불
龍德佛 [58]

지심귀명례 견보불
堅步佛 [59]

지심귀명례 불허견불
不虛見佛 [60]

지심귀명례 정진덕불
精進德佛 [61]

지심귀명례 선수불
善守佛 [62]

지심귀명례 환희불
歡喜佛 [63]

지심귀명례 불퇴불
不退佛 [64]

지심귀명례 사자상불
師子相佛 [65]

지심귀명례 승지불
勝知佛 [66]

지심귀명례 법씨불
法氏佛 [67]

지심귀명례 희왕불
喜王佛 [68]

지심귀명례 묘어불
妙御佛[69]

지심귀명례 애작불
愛作佛[70]

지심귀명례 덕비불
德臂佛[71]

지심귀명례 향상불
香象佛[72]

지심귀명례 관시불
觀視佛[73]

지심귀명례 운음불
雲音佛[74]

지심귀명례 선사불
善思佛[75]

지심귀명례 선고불
善高佛[76]

지심귀명례 이구불
離垢佛[77]

지심귀명례 월상불
月相佛[78]

지심귀명례 대명불
大名佛[79]

지심귀명례 주계불
珠髻佛[80]

지심귀명례 위맹불
威猛佛[81]

지심귀명례 사자후불
師子吼佛[82]

지심귀명례 덕수불
德樹佛[83]

지심귀명례 환석불
歡釋佛[84]

지심귀명례 혜취불
慧聚佛[85]

지심귀명례 안주불
安住佛[86]

지심귀명례 유의불
有意佛[87]

지심귀명례 앙가타불
鴦伽陀佛[88]

지심귀명례 무량의불
無量意佛[89]

지심귀명례 묘색불
妙色佛[90]

지심귀명례 다지불
多智佛[91]

지심귀명례 광명불
光明佛[92]

지심귀명례 견계불
堅戒佛[93]

지심귀명례 길상불
吉祥佛[94]

지심귀명례 보상불
寶相佛[95]

지심귀명례 연화불
蓮華佛[96]

지심귀명례 나라연불
那羅延佛[97]

지심귀명례 안락불
安樂佛[98]

지심귀명례 지적불
智積佛[99]

지심귀명례 덕경불
德敬佛[100]

지심귀명례 범덕불
梵德佛[101]

지심귀명례 보적불
寶積佛[102]

지심귀명례 화천불
華天佛[103]

지심귀명례 선사의불
善思議佛[104]

지심귀명례 법자재불
法自在佛[105]

지심귀명례 명문의불
名聞意佛[106]

지심귀명례 낙설취불
樂說聚佛[107]

지심귀명례 금강상불
金剛相佛[108]

지심귀명례 구리익불
求利益佛[109]

지심귀명례 유희신통불
遊戲神通佛[110]

지심귀명례 이암불
離闇佛[111]

지심귀명례 명천불
名天佛[112]

지심귀명례 미루상불
彌樓相佛[113]

지심귀명례 중명불
衆明佛[114]

지심귀명례 보장불
寶藏佛[115]

지심귀명례 극고행불
極高行佛[116]

지심귀명례 금강순불
金剛楯佛[117]

지심귀명례 주각불
珠角佛[118]

지심귀명례 덕찬불
德讚佛[119]

지심귀명례 일월명불
日月明佛[120]

지심귀명례 일명불
日明佛[121]

지심귀명례 성숙불
星宿佛[122]

지심귀명례 청정의불
淸淨義佛[123]

지심귀명례 위람왕불
違藍王佛[124]

지심귀명례 복장불
福藏佛[125]

지심귀명례 견유변불
見有邊佛[126]

지심귀명례 전명불
電明佛[127]

지심귀명례 금산불
金山佛[128]

지심귀명례 사자덕불
師子德佛[129]

지심귀명례 승상불
勝相佛[130]

지심귀명례 명찬불
明讚佛[131]

지심귀명례 견정진불
堅精進佛[132]

지심귀명례 구족찬불
具足讚佛[133]

지심귀명례 이외사불
離畏師佛[134]

지심귀명례 응천불　　　지심귀명례 대등불
　　　　　　應天佛[135]　　　　　　　　大燈佛[136]

지심귀명례 세명불　　　지심귀명례 묘음불
　　　　　　世明佛[137]　　　　　　　　妙音佛[138]

지심귀명례 지상공덕불　지심귀명례 감신불
　　　　　　持上功德佛[139]　　　　　　紺身佛[140]

지심귀명례 사자협불　　지심귀명례 보찬불
　　　　　　師子頰佛[141]　　　　　　　寶讚佛[142]

지심귀명례 중왕불　　　지심귀명례 유보불
　　　　　　衆王佛[143]　　　　　　　　遊步佛[144]

지심귀명례 안은불　　　지심귀명례 법차별불
　　　　　　安隱佛[145]　　　　　　　　法差別佛[146]

지심귀명례 상존불　　　지심귀명례 극고덕불
　　　　　　上尊佛[147]　　　　　　　　極高德佛[148]

지심귀명례 사자음불　　지심귀명례 낙희불
　　　　　　師子音佛[149]　　　　　　　樂戲佛[150]

지심귀명례 용명불　　　지심귀명례 화산불
　　　　　　龍明佛[151]　　　　　　　　華山佛[152]

지심귀명례 용희불　　　지심귀명례 향자재왕불
　　　　　　龍喜佛[153]　　　　　　　　香自在王佛[154]

지심귀명례 보염산불　　지심귀명례 천력불
　　　　　　寶焰山佛[155]　　　　　　　天力佛[156]

지심귀명례 덕만불
德鬘佛[157]

지심귀명례 용수불
龍首佛[158]

지심귀명례 인장엄불
因莊嚴佛[159]

지심귀명례 선행의불
善行意佛[160]

지심귀명례 지승불
智勝佛[161]

지심귀명례 무량일불
無量日佛[162]

지심귀명례 실어불
實語佛[163]

지심귀명례 지거불
持炬佛[164]

지심귀명례 정의불
定意佛[165]

지심귀명례 무량형불
無量形佛[166]

지심귀명례 명조불
明照佛[167]

지심귀명례 최승등불
最勝燈佛[168]

지심귀명례 단의불
斷疑佛[169]

지심귀명례 장엄신불
莊嚴身佛[170]

지심귀명례 불허보불
不虛步佛[171]

지심귀명례 각오불
覺悟佛[172]

지심귀명례 화상불
華相佛[173]

지심귀명례 산주왕불
山主王佛[174]

지심귀명례 선위의불
善威儀佛[175]

지심귀명례 변견불
遍見佛[176]

지심귀명례 무량명불
無量名佛[177]

지심귀명례 보천불
寶天佛[178]

지심귀명례 멸과불
滅過佛[179]

지심귀명례 지감로불
持甘露佛[180]

지심귀명례 인월불
人月佛[181]

지심귀명례 희견불
喜見佛[182]

지심귀명례 장엄불
莊嚴佛[183]

지심귀명례 주명불
珠明佛[184]

지심귀명례 산정불
山頂佛[185]

지심귀명례 도피안불
到彼岸佛[186]

지심귀명례 법적불
法積佛[187]

지심귀명례 정의불
定義佛[187]

지심귀명례 시원불
施願佛[189]

지심귀명례 보취불
寶聚佛[190]

지심귀명례 주의불
住義佛[191]

지심귀명례 만의불
滿意佛[192]

지심귀명례 상찬불
上讚佛[193]

지심귀명례 자덕불
慈德佛[194]

지심귀명례 무구불
無垢佛[195]

지심귀명례 범천불
梵天佛[196]

지심귀명례 화명불
華明佛[197]

지심귀명례 신차별불
身差別佛[198]

지심귀명례 법명불
法明佛[199]

지심귀명례 진견불
盡見佛[200]

지심귀명례 덕정불
德淨佛 [201]

지심귀명례 월면불
月面佛 [202]

지심귀명례 보등불
寶燈佛 [203]

지심귀명례 보당불
寶瑪佛 [204]

지심귀명례 상명불
上名佛 [205]

지심귀명례 작명불
作名佛 [206]

지심귀명례 무량음불
無量音佛 [207]

지심귀명례 위람불
違藍佛 [208]

지심귀명례 사자신불
師子身佛 [209]

지심귀명례 명의불
明意佛 [210]

지심귀명례 무능승불
無能勝佛 [211]

지심귀명례 공덕품불
功德品佛 [212]

지심귀명례 해혜불
海慧佛 [213]

지심귀명례 득세불
得勢佛 [214]

지심귀명례 무변행불
無邊行佛 [215]

지심귀명례 개화불
開華佛 [216]

지심귀명례 정구불
淨垢佛 [217]

지심귀명례 견일체의불
見一切義佛 [218]

지심귀명례 용력불
勇力佛 [219]

지심귀명례 부족불
富足佛 [220]

지심귀명례 복덕불
福德佛 [221]

지심귀명례 수시불
隨時佛 [222]

지심귀명례 경음불
慶音佛[223]

지심귀명례 공덕경불
功德敬佛[224]

지심귀명례 광의불
廣意佛[225]

지심귀명례 선적멸불
善寂滅佛[226]

지심귀명례 재천불
財天佛[227]

지심귀명례 정단의불
淨斷疑佛[228]

지심귀명례 무량지불
無量持佛[229]

지심귀명례 묘락불
妙樂佛[230]

지심귀명례 불부불
不負佛[231]

지심귀명례 무주불
無住佛[232]

지심귀명례 득차가불
得叉迦佛[233]

지심귀명례 중수불
衆首佛[234]

지심귀명례 세광불
世光佛[235]

지심귀명례 다덕불
多德佛[236]

지심귀명례 불사불
弗沙佛[237]

지심귀명례 무변위덕불
無邊威德佛[238]

지심귀명례 의의불
義意佛[239]

지심귀명례 약왕불
藥王佛[240]

지심귀명례 단악불
斷惡佛[241]

지심귀명례 무열불
無熱佛[242]

지심귀명례 선조불
善調佛[243]

지심귀명례 명덕불
名德佛[244]

지심귀명례 화덕불
華德佛 [245]

지심귀명례 용득불
勇得佛 [246]

지심귀명례 금강군불
金剛軍佛 [247]

지심귀명례 대덕불
大德佛 [248]

지심귀명례 적멸의불
寂滅意佛 [249]

지심귀명례 무변음불
無邊音佛 [250]

지심귀명례 대위광불
大威光佛 [251]

지심귀명례 선주불
善住佛 [252]

지심귀명례 무소부불
無所負佛 [253]

지심귀명례 이의혹불
離疑惑佛 [254]

지심귀명례 전상불
電相佛 [255]

지심귀명례 공경불
恭敬佛 [256]

지심귀명례 위덕수불
威德守佛 [257]

지심귀명례 지일불
智日佛 [258]

지심귀명례 상리불
上利佛 [259]

지심귀명례 수미정불
須彌頂佛 [260]

지심귀명례 정심불
淨心佛 [261]

지심귀명례 치원적불
治怨賊佛 [262]

지심귀명례 이교불
離憍佛 [263]

지심귀명례 응찬불
應讚佛 [264]

지심귀명례 지차불
智次佛 [265]

지심귀명례 나라달불
那羅達佛 [266]

지심귀명례 상락불
常樂佛[267]

지심귀명례 불소국불
不少國佛[268]

지심귀명례 천명불
天名佛[269]

지심귀명례 운덕불
雲德佛[270]

지심귀명례 심량불
甚良佛[271]

지심귀명례 다공덕불
多功德佛[272]

지심귀명례 보월불
寶月佛[273]

지심귀명례 장엄정계불
莊嚴頂髻佛[274]

지심귀명례 낙선불
樂禪佛[275]

지심귀명례 무소소불
無所少佛[276]

지심귀명례 유희불
遊戲佛[277]

지심귀명례 덕보불
德寶佛[278]

지심귀명례 응명칭불
應名稱佛[279]

지심귀명례 화신불
華身佛[280]

지심귀명례 대음성불
大音聲佛[281]

지심귀명례 변재찬불
辯才讚佛[282]

지심귀명례 금강주불
金剛珠佛[283]

지심귀명례 무량수불
無量壽佛[284]

지심귀명례 주장엄불
珠莊嚴佛[285]

지심귀명례 대왕불
大王佛[286]

지심귀명례 덕고행불
德高行佛[287]

지심귀명례 고명불
高名佛[288]

지심귀명례 백광불   지심귀명례 희열불
百光佛[289]   喜悅佛[290]

지심귀명례 용보불   지심귀명례 의원불
龍步佛[291]   意願佛[292]

지심귀명례 묘보불   지심귀명례 멸이불
妙寶佛[293]   滅已佛[294]

지심귀명례 법당불   지심귀명례 조어불
法幢佛[295]   調御佛[296]

지심귀명례 희자재불   지심귀명례 보계불
喜自在佛[297]   寶髻佛[298]

지심귀명례 이산불   지심귀명례 정천불
離山佛[299]   淨天佛[300]

지심귀명례 화관불   지심귀명례 정명불
華冠佛[301]   淨名佛[302]

지심귀명례 위덕적멸불   지심귀명례 애상불
威德寂滅佛[303]   愛相佛[304]

지심귀명례 다천불   지심귀명례 수염마불
多天佛[305]   須焰摩佛[306]

지심귀명례 천위불   지심귀명례 묘덕왕불
天威佛[307]   妙德王佛[308]

지심귀명례 보보불   지심귀명례 사자분불
寶步佛[309]   師子分佛[310]

지심귀명례 최존승불
最尊勝佛 [311]

지심귀명례 인왕불
人王佛 [312]

지심귀명례 전단운불
栴檀雲佛 [313]

지심귀명례 감안불
紺眼佛 [314]

지심귀명례 보위덕불
寶威德佛 [315]

지심귀명례 덕승불
德乘佛 [316]

지심귀명례 각상불
覺想佛 [317]

지심귀명례 희장엄불
喜莊嚴佛 [318]

지심귀명례 향제불
香濟佛 [319]

지심귀명례 승혜불
勝慧佛 [320]

지심귀명례 이애불
離愛佛 [321]

지심귀명례 자상불
慈相佛 [322]

지심귀명례 묘향불
妙香佛 [323]

지심귀명례 견개불
堅鎧佛 [324]

지심귀명례 위덕맹불
威德猛佛 [325]

지심귀명례 주개불
珠鎧佛 [326]

지심귀명례 인현불
仁賢佛 [327]

지심귀명례 선서월불
善逝月佛 [328]

지심귀명례 범자재불
梵自在佛 [329]

지심귀명례 사자월불
師子月佛 [330]

지심귀명례 관찰혜불
觀察慧佛 [331]

지심귀명례 정생불
正生佛 [332]

지심귀명례 고승불
高勝佛 [333]

지심귀명례 일관불
日觀佛 [334]

지심귀명례 보명불
寶名佛 [335]

지심귀명례 대정진불
大精進佛 [336]

지심귀명례 산광불
山光佛 [337]

지심귀명례 덕취왕불
德聚王佛 [338]

지심귀명례 공양명불
供養名佛 [339]

지심귀명례 법찬불
法讚佛 [340]

지심귀명례 시명불
施明佛 [341]

지심귀명례 전덕불
電德佛 [342]

지심귀명례 보어불
寶語佛 [343]

지심귀명례 구명불
救命佛 [344]

지심귀명례 선계불
善戒佛 [345]

지심귀명례 선중불
善衆佛 [346]

지심귀명례 견고혜불
堅固慧佛 [347]

지심귀명례 파유암불
破有闇佛 [348]

지심귀명례 선승불
善勝佛 [349]

지심귀명례 사자광불
師子光佛 [350]

지심귀명례 조명불
照明佛 [351]

지심귀명례 보성취불
寶成就佛 [352]

지심귀명례 이혜불
利慧佛 [353]

지심귀명례 주월광불
珠月光佛 [354]

지심귀명례 위광불
威光佛 [355]

지심귀명례 불파론불
不破論佛 [356]

지심귀명례 광명왕불
光明王佛 [357]

지심귀명례 주륜불
珠輪佛 [358]

지심귀명례 금강혜불
金剛慧佛 [359]

지심귀명례 길수불
吉手佛 [360]

지심귀명례 선월불
善月佛 [361]

지심귀명례 보염불
寶焰佛 [362]

지심귀명례 나후수불
羅睺守佛 [363]

지심귀명례 낙보리불
樂菩提佛 [364]

지심귀명례 등광불
等光佛 [365]

지심귀명례 지적멸불
至寂滅佛 [366]

지심귀명례 세최묘불
世最妙佛 [367]

지심귀명례 자재명불
自在名佛 [368]

지심귀명례 십세력불
十勢力佛 [369]

지심귀명례 희력왕불
喜力王佛 [370]

지심귀명례 덕세력불
德勢力佛 [371]

지심귀명례 최승정불
最勝頂佛 [372]

지심귀명례 대세력불
大勢力佛 [373]

지심귀명례 공덕장불
功德藏佛 [374]

지심귀명례 진행불
眞行佛 [375]

지심귀명례 상안불
上安佛 [376]

지심귀명례 금강지산불　　지심귀명례 대광불
　　　　　　金剛知山佛 [377]　　　　　　　大光佛 [378]

지심귀명례 묘덕장불　　지심귀명례 광덕불
　　　　　　妙德藏佛 [379]　　　　　　　廣德佛 [380]

지심귀명례 보망엄신불　　지심귀명례 복덕명불
　　　　　　寶網嚴身佛 [381]　　　　　　福德明佛 [382]

지심귀명례 조개불　　지심귀명례 성수불
　　　　　　造鎧佛 [383]　　　　　　　成手佛 [384]

지심귀명례 선화불　　지심귀명례 집보불
　　　　　　善華佛 [385]　　　　　　　集寶佛 [386]

지심귀명례 대해지불　　지심귀명례 지지덕불
　　　　　　大海智佛 [387]　　　　　　持地德佛 [388]

지심귀명례 의의맹불　　지심귀명례 선사유불
　　　　　　義意猛佛 [389]　　　　　　善思惟佛 [390]

지심귀명례 덕륜불　　지심귀명례 보광불
　　　　　　德輪佛 [391]　　　　　　　寶光佛 [392]

지심귀명례 이익불　　지심귀명례 세월불
　　　　　　利益佛 [393]　　　　　　　世月佛 [394]

지심귀명례 미음불　　지심귀명례 범상불
　　　　　　美音佛 [395]　　　　　　　梵相佛 [396]

지심귀명례 중사수불　　지심귀명례 사자행불
　　　　　　衆師首佛 [397]　　　　　　師子行佛 [398]

지심귀명례 난시불 　　지심귀명례 응공불
　　　　　難施佛[399] 　　　　　　　應供佛[400]

지심귀명례 명위덕불 　지심귀명례 대광왕불
　　　　　明威德佛[401] 　　　　　　大光王佛[402]

지심귀명례 금강보엄불 지심귀명례 중청정불
　　　　　金剛寶嚴佛[403] 　　　　　衆淸淨佛[404]

지심귀명례 무변명불 　지심귀명례 불허광불
　　　　　無邊名佛[405] 　　　　　　不虛光佛[406]

지심귀명례 성천불 　　지심귀명례 지왕불
　　　　　聖天佛[407] 　　　　　　智王佛[408]

지심귀명례 금강중불 　지심귀명례 선장불
　　　　　金剛衆佛[409] 　　　　　善障佛[410]

지심귀명례 건자불 　　지심귀명례 화국불
　　　　　建慈佛[411] 　　　　　　華國佛[412]

지심귀명례 법의불 　　지심귀명례 풍행불
　　　　　法意佛[413] 　　　　　　風行佛[414]

지심귀명례 선사명불 　지심귀명례 다명불
　　　　　善思明佛[415] 　　　　　多明佛[416]

지심귀명례 밀중불 　　지심귀명례 광왕불
　　　　　密衆佛[417] 　　　　　　光王佛[418]

지심귀명례 공덕수불 　지심귀명례 이의불
　　　　　功德守佛[419] 　　　　　利意佛[420]

지심귀명례 무구불
　　　　　無懼佛 [421]

지심귀명례 견관불
　　　　　堅觀佛 [422]

지심귀명례 주법불
　　　　　住法佛 [423]

지심귀명례 주족불
　　　　　珠足佛 [424]

지심귀명례 해탈덕불
　　　　　解脫德佛 [425]

지심귀명례 묘신불
　　　　　妙身佛 [426]

지심귀명례 수세어언불
　　　　　隨世語言佛 [427]

지심귀명례 묘지불
　　　　　妙智佛 [428]

지심귀명례 보덕불
　　　　　普德佛 [429]

지심귀명례 범재불
　　　　　梵財佛 [430]

지심귀명례 실음불
　　　　　實音佛 [431]

지심귀명례 정지불
　　　　　正智佛 [432]

지심귀명례 역득불
　　　　　力得佛 [433]

지심귀명례 사자의불
　　　　　師子意佛 [434]

지심귀명례 정화불
　　　　　淨華佛 [435]

지심귀명례 희안불
　　　　　喜眼佛 [436]

지심귀명례 화치불
　　　　　華齒佛 [437]

지심귀명례 공덕자재당불
　　　　　功德自在幢佛 [438]

지심귀명례 명보불
　　　　　明寶佛 [439]

지심귀명례 희유명불
　　　　　希有名佛 [440]

지심귀명례 상계불
　　　　　上戒佛 [441]

지심귀명례 이욕불
　　　　　離欲佛 [442]

지심귀명례 자재천불
自在天佛 [443]

지심귀명례 범수불
梵壽佛 [444]

지심귀명례 일체천불
一切天佛 [445]

지심귀명례 요지불
樂智佛 [446]

지심귀명례 가억념불
可憶念佛 [447]

지심귀명례 주장불
珠藏佛 [448]

지심귀명례 덕류포불
德流布佛 [449]

지심귀명례 대천왕불
大天王佛 [450]

지심귀명례 무박불
無縛佛 [451]

지심귀명례 견법불
堅法佛 [452]

지심귀명례 천덕불
天德佛 [453]

지심귀명례 범모니불
梵牟尼佛 [454]

지심귀명례 안상행불
安詳行佛 [455]

지심귀명례 근정진불
勤精進佛 [456]

지심귀명례 득상미불
得上味佛 [457]

지심귀명례 무의덕불
無依德佛 [458]

지심귀명례 담복화불
薝蔔華佛 [459]

지심귀명례 출생무상공덕불
出生無上功德佛 [460]

지심귀명례 선인시위불
仙人侍衛佛 [461]

지심귀명례 제당불
帝幢佛 [462]

지심귀명례 대애불
大愛佛 [463]

지심귀명례 수만색불
須蔓色佛 [464]

지심귀명례 중묘불
衆妙佛[465]

지심귀명례 가락불
可樂佛[466]

지심귀명례 세력행불
勢力行佛[467]

지심귀명례 선정의불
善定義佛[468]

지심귀명례 우왕불
牛王佛[469]

지심귀명례 묘비불
妙臂佛[470]

지심귀명례 대거불
大車佛[471]

지심귀명례 만원불
滿願佛[472]

지심귀명례 덕광불
德光佛[473]

지심귀명례 보음불
寶音佛[474]

지심귀명례 광당불
光幢佛[475]

지심귀명례 부귀불
富貴佛[476]

지심귀명례 사자력불
師子力佛[477]

지심귀명례 정목불
淨目佛[478]

지심귀명례 관신불
觀身佛[479]

지심귀명례 정의불
淨意佛[480]

지심귀명례 지차제불
知次第佛[481]

지심귀명례 맹위덕불
猛威德佛[482]

지심귀명례 대광명불
大光明佛[483]

지심귀명례 일광요불
日光曜佛[484]

지심귀명례 정장불
淨藏佛[485]

지심귀명례 분별위불
分別威佛[486]

지심귀명례 무손불
無損佛[487]

지심귀명례 밀일불
密日佛[488]

지심귀명례 월광불
月光佛[489]

지심귀명례 지명불
持明佛[490]

지심귀명례 선적행불
善寂行佛[491]

지심귀명례 부동불
不動佛[492]

지심귀명례 대청불
大請佛[493]

지심귀명례 덕법불
德法佛[494]

지심귀명례 엄토불
嚴土佛[495]

지심귀명례 장엄왕불
莊嚴王佛[496]

지심귀명례 고출불
高出佛[497]

지심귀명례 염치불
焰熾佛[498]

지심귀명례 연화덕불
蓮華德佛[499]

지심귀명례 보엄불
寶嚴佛[500]

지심귀명례 고대신불
高大身佛[501]

지심귀명례 상선불
上善佛[502]

지심귀명례 보상불
寶上佛[503]

지심귀명례 무량광불
無量光佛[504]

지심귀명례 해덕불
海德佛[505]

지심귀명례 보인수불
寶印手佛[506]

지심귀명례 월개불
月蓋佛[507]

지심귀명례 다염불
多焰佛[508]

지심귀명례 순적멸불
順寂滅佛 [509]

지심귀명례 지칭불
智稱佛 [510]

지심귀명례 지각불
智覺佛 [511]

지심귀명례 공덕광불
功德光佛 [512]

지심귀명례 성류포불
聲流布佛 [513]

지심귀명례 만월불
滿月佛 [514]

지심귀명례 명칭불
名稱佛 [515]

지심귀명례 선계왕불
善戒王佛 [516]

지심귀명례 등왕불
燈王佛 [517]

지심귀명례 전광불
電光佛 [518]

지심귀명례 대염왕불
大焰王佛 [519]

지심귀명례 적제유불
寂諸有佛 [520]

지심귀명례 비사거천불
毘舍佉天佛 [521]

지심귀명례 화장불
華藏佛 [522]

지심귀명례 금강산불
金剛山佛 [523]

지심귀명례 신단엄불
身端嚴佛 [524]

지심귀명례 정의불
淨義佛 [525]

지심귀명례 위맹군불
威猛軍佛 [526]

지심귀명례 지염덕불
智焰德佛 [527]

지심귀명례 역행불
力行佛 [528]

지심귀명례 라후천불
羅睺天佛 [529]

지심귀명례 지취불
智聚佛 [530]

지심귀명례 사자출현불　　지심귀명례 여왕불
師子出現佛 [531]　　　　　　如王佛 [532]

지심귀명례 원만청정불　　지심귀명례 라후라불
圓滿淸淨佛 [533]　　　　　　羅睺羅佛 [534]

지심귀명례 대약불　　　　지심귀명례 청정현불
大藥佛 [535]　　　　　　　　淸淨賢佛 [536]

지심귀명례 제일의불　　　지심귀명례 덕수불
第一義佛 [537]　　　　　　　德手佛 [538]

지심귀명례 백광명불　　　지심귀명례 유포왕불
百光明佛 [539]　　　　　　　流布王佛 [540]

지심귀명례 무량공덕불　　지심귀명례 법장불
無量功德佛 [541]　　　　　　法藏佛 [542]

지심귀명례 묘의불　　　　지심귀명례 덕주불
妙意佛 [543]　　　　　　　　德主佛 [544]

지심귀명례 최증상불　　　지심귀명례 혜정불
最增上佛 [545]　　　　　　　慧頂佛 [546]

지심귀명례 승원적불　　　지심귀명례 의행불
勝怨敵佛 [547]　　　　　　　意行佛 [548]

지심귀명례 범음불　　　　지심귀명례 해탈불
梵音佛 [549]　　　　　　　　解脫佛 [550]

지심귀명례 뇌음불　　　　지심귀명례 통상불
雷音佛 [551]　　　　　　　　通相佛 [552]

지심귀명례 혜륭불
慧隆佛 [553]

지심귀명례 심자재불
深自在佛 [554]

지심귀명례 대지왕불
大地王佛 [555]

지심귀명례 대우왕불
大牛王佛 [556]

지심귀명례 이타목불
梨陀目佛 [557]

지심귀명례 희유신불
希有身佛 [558]

지심귀명례 실상불
實相佛 [559]

지심귀명례 최존천불
最尊天佛 [560]

지심귀명례 불몰음불
不沒音佛 [561]

지심귀명례 보승불
寶勝佛 [562]

지심귀명례 음덕불
音德佛 [563]

지심귀명례 장엄사불
莊嚴辭佛 [564]

지심귀명례 용지불
勇智佛 [565]

지심귀명례 화적불
華積佛 [566]

지심귀명례 화개불
華開佛 [567]

지심귀명례 무상의왕불
無上醫王佛 [568]

지심귀명례 덕적불
德積佛 [569]

지심귀명례 상형색불
上形色佛 [570]

지심귀명례 공덕월불
功德月佛 [571]

지심귀명례 월등불
月燈佛 [572]

지심귀명례 위덕왕불
威德王佛 [573]

지심귀명례 보리왕불
菩提王佛 [574]

지심귀명례 무진불
無盡佛 [575]

지심귀명례 보리안불
菩提眼佛 [576]

지심귀명례 신충만불
身充滿佛 [577]

지심귀명례 혜국불
慧國佛 [578]

지심귀명례 최상불
最上佛 [579]

지심귀명례 청정조불
淸淨照佛 [580]

지심귀명례 혜덕불
慧德佛 [581]

지심귀명례 묘음성불
妙音聲佛 [582]

지심귀명례 무애광불
無礙光佛 [583]

지심귀명례 무애장불
無礙藏佛 [584]

지심귀명례 상시불
上施佛 [585]

지심귀명례 대존불
大尊佛 [586]

지심귀명례 지세불
智勢佛 [587]

지심귀명례 대염불
大焰佛 [588]

지심귀명례 제왕불
帝王佛 [589]

지심귀명례 제력불
制力佛 [590]

지심귀명례 위덕불
威德佛 [591]

지심귀명례 월현불
月現佛 [592]

지심귀명례 명문불
名聞佛 [593]

지심귀명례 단엄불
端嚴佛 [594]

지심귀명례 무진구불
無塵垢佛 [595]

지심귀명례 위의불
威儀佛 [596]

지심귀명례 사자군불
師子軍佛 [597]

지심귀명례 천왕불
天王佛 [598]

지심귀명례 명성불
名聲佛 [599]

지심귀명례 수승불
殊勝佛 [600]

지심귀명례 대장불
大藏佛 [601]

지심귀명례 복덕광불
福德光佛 [602]

지심귀명례 범문불
梵聞佛 [603]

지심귀명례 출제유불
出諸有佛 [604]

지심귀명례 지정불
智頂佛 [605]

지심귀명례 상천불
上天佛 [606]

지심귀명례 지왕불
地王佛 [607]

지심귀명례 지해탈불
至解脫佛 [608]

지심귀명례 금계불
金髻佛 [609]

지심귀명례 라후일불
羅睺日佛 [610]

지심귀명례 막능승불
莫能勝佛 [611]

지심귀명례 모니정불
牟尼淨佛 [612]

지심귀명례 선광불
善光佛 [613]

지심귀명례 금제불
金齊佛 [614]

지심귀명례 종덕천왕불
種德天王佛 [615]

지심귀명례 법개불
法蓋佛 [616]

지심귀명례 용맹명칭불
勇猛名稱佛 [617]

지심귀명례 광명문불
光明門佛 [618]

지심귀명례 미묘혜불 　　지심귀명례 미의불
　　　　　　美妙慧佛[619] 　　　　　　　微意佛[620]

지심귀명례 제위덕불 　　지심귀명례 사자계불
　　　　　　諸威德佛[621] 　　　　　　師子髻佛[622]

지심귀명례 해탈상불 　　지심귀명례 혜장불
　　　　　　解脫相佛[623] 　　　　　　　慧藏佛[624]

지심귀명례 사라왕불 　　지심귀명례 위상불
　　　　　　娑羅王佛[625] 　　　　　　　威相佛[626]

지심귀명례 단류불 　　지심귀명례 무애찬불
　　　　　　斷流佛[627] 　　　　　　無礙讚佛[628]

지심귀명례 소작이판불 　　지심귀명례 선음불
　　　　　　所作已辦佛[629] 　　　　　　善音佛[630]

지심귀명례 산왕상불 　　지심귀명례 법정불
　　　　　　山王相佛[631] 　　　　　　　法頂佛[632]

지심귀명례 무능영폐불 　　지심귀명례 선단엄불
　　　　　　無能暎蔽佛[633] 　　　　　　善端嚴佛[634]

지심귀명례 길신불 　　지심귀명례 애어불
　　　　　　吉身佛[635] 　　　　　　　愛語佛[636]

지심귀명례 사자리불 　　지심귀명례 화루나불
　　　　　　師子利佛[637] 　　　　　　和樓那佛[638]

지심귀명례 사자법불 　　지심귀명례 법력불
　　　　　　師子法佛[639] 　　　　　　　法力佛[640]

지심귀명례 애락불 愛樂佛[641]

지심귀명례 찬불동불 讚不動佛[642]

지심귀명례 중명왕불 衆明王佛[643]

지심귀명례 각오중생불 覺悟衆生佛[644]

지심귀명례 묘명불 妙明佛[645]

지심귀명례 의주의불 意住義佛[646]

지심귀명례 광조불 光照佛[647]

지심귀명례 향덕불 香德佛[648]

지심귀명례 영희불 令喜佛[649]

지심귀명례 일성취불 日成就佛[650]

지심귀명례 멸에불 滅恚佛[651]

지심귀명례 상색불 上色佛[652]

지심귀명례 선보불 善步佛[653]

지심귀명례 대음찬불 大音讚佛[654]

지심귀명례 정원불 淨願佛[655]

지심귀명례 일천불 日天佛[656]

지심귀명례 낙혜불 樂慧佛[657]

지심귀명례 섭신불 攝身佛[658]

지심귀명례 위덕세불 威德勢佛[659]

지심귀명례 찰리불 利利佛[660]

지심귀명례 중회왕불 衆會王佛[661]

지심귀명례 상금불 上金佛[662]

지심귀명례 해탈계불
解脫髻佛 [663]

지심귀명례 낙법불
樂法佛 [664]

지심귀명례 주행불
住行佛 [665]

지심귀명례 사교만불
捨憍慢佛 [666]

지심귀명례 지장불
智藏佛 [667]

지심귀명례 범행불
梵行佛 [668]

지심귀명례 전단불
栴檀佛 [669]

지심귀명례 무우명불
無憂名佛 [670]

지심귀명례 단엄신불
端嚴身佛 [671]

지심귀명례 상국불
相國佛 [672]

지심귀명례 민지불
敏持佛 [673]

지심귀명례 무변덕불
無邊德佛 [674]

지심귀명례 천광불
天光佛 [675]

지심귀명례 혜화불
慧華佛 [676]

지심귀명례 빈두마불
頻頭摩佛 [677]

지심귀명례 지부불
智富佛 [678]

지심귀명례 대원광불
大願光佛 [679]

지심귀명례 보수불
寶手佛 [680]

지심귀명례 정근불
淨根佛 [681]

지심귀명례 구족론불
具足論佛 [682]

지심귀명례 상론불
上論佛 [683]

지심귀명례 불퇴지불
不退地佛 [684]

지심귀명례 법자재불허불　지심귀명례 유일불
　　　　　法自在不虛佛 [685]　　　　　有日佛 [686]

지심귀명례 출니불　　　지심귀명례 득지불
　　　　　出泥佛 [687]　　　　　得智佛 [688]

지심귀명례 상길불　　　지심귀명례 모라불
　　　　　上吉佛 [689]　　　　　謨羅佛 [690]

지심귀명례 법락불　　　지심귀명례 구승불
　　　　　法樂佛 [691]　　　　　求勝佛 [692]

지심귀명례 지혜불　　　지심귀명례 선성불
　　　　　智慧佛 [693]　　　　　善聖佛 [694]

지심귀명례 망광불　　　지심귀명례 유리장불
　　　　　網光佛 [695]　　　　　琉璃藏佛 [696]

지심귀명례 선천불　　　지심귀명례 이적불
　　　　　善天佛 [697]　　　　　利寂佛 [698]

지심귀명례 교화불　　　지심귀명례 보수순자재불
　　　　　敎化佛 [699]　　　　　普隨順自在佛 [700]

지심귀명례 견고고행불　지심귀명례 중덕상명불
　　　　　堅固苦行佛 [701]　　　　衆德上明佛 [702]

지심귀명례 보덕불　　　지심귀명례 일체선우불
　　　　　寶德佛 [703]　　　　　一切善友佛 [704]

지심귀명례 해탈음불　　지심귀명례 감로명불
　　　　　解脫音佛 [705]　　　　　甘露明佛 [706]

지심귀명례 유희왕불
遊戲王佛[707]

지심귀명례 멸사곡불
滅邪曲佛[708]

지심귀명례 일체주불
一切主佛[709]

지심귀명례 담복정광불
薝蔔淨光佛[710]

지심귀명례 산왕불
山王佛[711]

지심귀명례 적멸불
寂滅佛[712]

지심귀명례 덕취불
德聚佛[713]

지심귀명례 구중덕불
具衆德佛[714]

지심귀명례 최승월불
最勝月佛[715]

지심귀명례 선시불
善施佛[716]

지심귀명례 주본불
住本佛[717]

지심귀명례 공덕위취불
功德威聚佛[718]

지심귀명례 지무등불
智無等佛[719]

지심귀명례 감로음불
甘露音佛[720]

지심귀명례 선수불
善手佛[721]

지심귀명례 집명거불
執明炬佛[722]

지심귀명례 사해탈의불
思解脫義佛[723]

지심귀명례 승음불
勝音佛[724]

지심귀명례 이타행불
梨陀行佛[725]

지심귀명례 선의불
善義佛[726]

지심귀명례 무과불
無過佛[727]

지심귀명례 행선불
行善佛[728]

지심귀명례 수묘신불
殊妙身佛 [729]

지심귀명례 묘광불
妙光佛 [730]

지심귀명례 낙설불
樂說佛 [731]

지심귀명례 선제불
善濟佛 [732]

지심귀명례 불가설불
不可說佛 [733]

지심귀명례 최청정불
最淸淨佛 [734]

지심귀명례 낙지불
樂知佛 [735]

지심귀명례 변재일불
辯才日佛 [736]

지심귀명례 파타군불
破他軍佛 [737]

지심귀명례 보월명불
寶月明佛 [738]

지심귀명례 상의불
上意佛 [739]

지심귀명례 우안중생불
友安衆生佛 [740]

지심귀명례 대견불
大見佛 [741]

지심귀명례 무외음불
無畏音佛 [742]

지심귀명례 수천덕불
水天德佛 [743]

지심귀명례 혜제불
慧濟佛 [744]

지심귀명례 무등의불
無等意佛 [745]

지심귀명례 부동혜광불
不動慧光佛 [746]

지심귀명례 보리의불
菩提意佛 [747]

지심귀명례 수왕불
樹王佛 [748]

지심귀명례 반타음불
槃陀音佛 [749]

지심귀명례 복덕력불
福德力佛 [750]

지심귀명례 세덕불
勢德佛 [751]

지심귀명례 성애불
聖愛佛 [752]

지심귀명례 세행불
勢行佛 [753]

지심귀명례 호박불
琥珀佛 [754]

지심귀명례 뇌음운불
雷音雲佛 [755]

지심귀명례 선애목불
善愛目佛 [756]

지심귀명례 선지불
善智佛 [757]

지심귀명례 구족불
具足佛 [758]

지심귀명례 화승불
華勝佛 [759]

지심귀명례 대음불
大音佛 [760]

지심귀명례 법상불
法相佛 [761]

지심귀명례 지음불
智音佛 [762]

지심귀명례 허공불
虛空佛 [763]

지심귀명례 사음불
祠音佛 [764]

지심귀명례 혜음차별불
慧音差別佛 [765]

지심귀명례 월염불
月焰佛 [766]

지심귀명례 성왕불
聖王佛 [767]

지심귀명례 중의불
衆意佛 [768]

지심귀명례 변재륜불
辯才輪佛 [769]

지심귀명례 선적불
善寂佛 [770]

지심귀명례 불퇴혜불
不退慧佛 [771]

지심귀명례 일명불
日名佛 [772]

지심귀명례 무착혜불　　지심귀명례 공덕집불
　　　　　無着慧佛 [773]　　　　　　　功德集佛 [774]

지심귀명례 화덕상불　　지심귀명례 변재국불
　　　　　華德相佛 [775]　　　　　　　辯才國佛 [776]

지심귀명례 보시불　　　지심귀명례 애월불
　　　　　寶施佛 [777]　　　　　　　愛月佛 [778]

지심귀명례 집공덕온불　지심귀명례 멸악취불
　　　　　集功德蘊佛 [779]　　　　　滅惡趣佛 [780]

지심귀명례 자재왕불　　지심귀명례 무량정불
　　　　　自在王佛 [781]　　　　　　無量淨佛 [782]

지심귀명례 등정불　　　지심귀명례 불괴불
　　　　　等定佛 [783]　　　　　　　不壞佛 [784]

지심귀명례 멸구불　　　지심귀명례 불실방편불
　　　　　滅垢佛 [785]　　　　　　　不失方便佛 [786]

지심귀명례 무요불　　　지심귀명례 묘면불
　　　　　無嬈佛 [787]　　　　　　　妙面佛 [788]

지심귀명례 지제주불　　지심귀명례 법사왕불
　　　　　智制住佛 [789]　　　　　　法師王佛 [790]

지심귀명례 대천불　　　지심귀명례 심의불
　　　　　大天佛 [791]　　　　　　　深意佛 [792]

지심귀명례 무량불　　　지심귀명례 무애견불
　　　　　無量佛 [793]　　　　　　　無礙見佛 [794]

지심귀명례 세공양불
世供養佛 [795]

지심귀명례 보산화불
普散華佛 [796]

지심귀명례 삼세공불
三世供佛 [797]

지심귀명례 응일장불
應日藏佛 [798]

지심귀명례 천공양불
天供養佛 [799]

지심귀명례 상지인불
上智人佛 [800]

지심귀명례 진계불
眞髻佛 [801]

지심귀명례 신감로불
信甘露佛 [802]

지심귀명례 불착상불
不着相佛 [803]

지심귀명례 이분별해불
離分別海佛 [804]

지심귀명례 보견명불
寶肩明佛 [805]

지심귀명례 이타보불
梨陀步佛 [806]

지심귀명례 수일불
隨日佛 [807]

지심귀명례 청정불
淸淨佛 [808]

지심귀명례 명력불
明力佛 [809]

지심귀명례 공덕취불
功德聚佛 [810]

지심귀명례 구족덕불
具足德佛 [811]

지심귀명례 단엄해불
端嚴海佛 [812]

지심귀명례 수미산불
須彌山佛 [813]

지심귀명례 화시불
華施佛 [814]

지심귀명례 무착지불
無着智佛 [815]

지심귀명례 무변좌불
無邊座佛 [816]

지심귀명례 애지불
愛智佛 [817]

지심귀명례 반타엄불
槃陀嚴佛 [818]

지심귀명례 청정주불
淸淨住佛 [819]

지심귀명례 생법불
生法佛 [820]

지심귀명례 상명불
相明佛 [821]

지심귀명례 사유락불
思惟樂佛 [822]

지심귀명례 낙해탈불
樂解脫佛 [823]

지심귀명례 지도리불
知道理佛 [824]

지심귀명례 다문해불
多聞海佛 [825]

지심귀명례 지화불
持華佛 [826]

지심귀명례 불수세불
不隨世佛 [827]

지심귀명례 희중불
喜衆佛 [828]

지심귀명례 공작음불
孔雀音佛 [829]

지심귀명례 불퇴몰불
不退沒佛 [830]

지심귀명례 단유애구불
斷有愛垢佛 [831]

지심귀명례 위의제불
威儀濟佛 [832]

지심귀명례 제천류포불
諸天流布佛 [833]

지심귀명례 수사행불
隨師行佛 [834]

지심귀명례 화수불
華手佛 [835]

지심귀명례 최상시불
最上施佛 [836]

지심귀명례 파원적불
破怨賊佛 [837]

지심귀명례 부다문불
富多聞佛 [838]

지심귀명례 묘국불
妙國佛 [839]

지심귀명례 치성왕불
熾盛王佛 [840]

지심귀명례 사자지불
師子智佛 [841]

지심귀명례 월출불
月出佛 [842]

지심귀명례 멸암불
滅闇佛 [843]

지심귀명례 무동불
無動佛 [844]

지심귀명례 차제행불
次第行佛 [845]

지심귀명례 음성치불
音聲治佛 [846]

지심귀명례 교담불
憍曇佛 [847]

지심귀명례 세력불
勢力佛 [848]

지심귀명례 신심주불
身心住佛 [849]

지심귀명례 상월불
常月佛 [850]

지심귀명례 각의화불
覺意華佛 [851]

지심귀명례 요익왕불
饒益王佛 [852]

지심귀명례 선위덕불
善威德佛 [853]

지심귀명례 지력덕불
智力德佛 [854]

지심귀명례 선등불
善燈佛 [855]

지심귀명례 견행불
堅行佛 [856]

지심귀명례 천음불
天音佛 [857]

지심귀명례 복덕등불
福德燈佛 [858]

지심귀명례 일면불
日面佛 [859]

지심귀명례 부동취불
不動聚佛 [860]

지심귀명례 계명불
戒明佛[861]

지심귀명례 주계불
住戒佛[862]

지심귀명례 보섭수불
普攝受佛[863]

지심귀명례 견출불
堅出佛[864]

지심귀명례 안사나불
安闍那佛[865]

지심귀명례 증익불
增益佛[866]

지심귀명례 향명불
香明佛[867]

지심귀명례 위람명불
違藍明佛[868]

지심귀명례 염왕불
念王佛[869]

지심귀명례 밀발불
密鉢佛[870]

지심귀명례 무애상불
無礙相佛[871]

지심귀명례 지묘도불
至妙道佛[872]

지심귀명례 신계불
信戒佛[873]

지심귀명례 낙실불
樂實佛[874]

지심귀명례 명법불
明法佛[875]

지심귀명례 구위덕불
具威德佛[876]

지심귀명례 대자불
大慈佛[877]

지심귀명례 상자불
上慈佛[878]

지심귀명례 요익혜불
饒益慧佛[879]

지심귀명례 감로왕불
甘露王佛[880]

지심귀명례 미루명불
彌樓明佛[881]

지심귀명례 성찬불
聖讚佛[882]

지심귀명례 광조불
廣照佛 [883]

지심귀명례 지수불
持壽佛 [884]

지심귀명례 견명불
見明佛 [885]

지심귀명례 선행보불
善行報佛 [886]

지심귀명례 선희불
善喜佛 [887]

지심귀명례 무멸불
無滅佛 [888]

지심귀명례 보명불
寶明佛 [889]

지심귀명례 구족명칭불
具足名稱佛 [890]

지심귀명례 낙복덕불
樂福德佛 [891]

지심귀명례 공덕해불
功德海佛 [892]

지심귀명례 진상불
盡相佛 [893]

지심귀명례 단마불
斷魔佛 [894]

지심귀명례 진마불
盡魔佛 [895]

지심귀명례 과쇠도불
過衰道佛 [896]

지심귀명례 불괴의불
不壞意佛 [897]

지심귀명례 수왕불
水王佛 [898]

지심귀명례 정마불
淨魔佛 [899]

지심귀명례 중상왕불
衆上王佛 [900]

지심귀명례 애명불
愛明佛 [901]

지심귀명례 복등불
福燈佛 [902]

지심귀명례 보리상불
菩提相佛 [903]

지심귀명례 대위력불
大威力佛 [904]

지심귀명례 선멸불　　　지심귀명례 범명불
　　　　　善滅佛[905]　　　　　　　　梵命佛[906]

지심귀명례 지희불　　　지심귀명례 신상불
　　　　　智喜佛[907]　　　　　　　　神相佛[908]

지심귀명례 여중왕불　　지심귀명례 종종색상불
　　　　　如衆王佛[909]　　　　　種種色相佛[910]

지심귀명례 애일불　　　지심귀명례 나후월불
　　　　　愛日佛[911]　　　　　　　羅睺月佛[912]

지심귀명례 무상혜불　　지심귀명례 약사상불
　　　　　無相慧佛[913]　　　　　　藥師上佛[914]

지심귀명례 지세력불　　지심귀명례 염혜불
　　　　　持勢力佛[915]　　　　　　焰慧佛[916]

지심귀명례 희명불　　　지심귀명례 호음불
　　　　　喜明佛[917]　　　　　　　好音佛[918]

지심귀명례 부동천불　　지심귀명례 묘덕난사불
　　　　　不動天佛[919]　　　　　妙德難思佛[920]

지심귀명례 선업불　　　지심귀명례 의무류불
　　　　　善業佛[921]　　　　　　　意無謬佛[922]

지심귀명례 대시불　　　지심귀명례 명찬불
　　　　　大施佛[923]　　　　　　　名讚佛[924]

지심귀명례 중상불　　　지심귀명례 해탈월불
　　　　　衆相佛[925]　　　　　　　解脫月佛[926]

지심귀명례 세자재불
世自在佛 [927]

지심귀명례 무상왕불
無上王佛 [928]

지심귀명례 멸치불
滅癡佛 [929]

지심귀명례 단언론불
斷言論佛 [930]

지심귀명례 범공양불
梵供養佛 [931]

지심귀명례 무변변상불
無邊辯相佛 [932]

지심귀명례 이타법불
梨陀法佛 [933]

지심귀명례 응공양불
應供養佛 [934]

지심귀명례 도우불
度憂佛 [935]

지심귀명례 낙안불
樂安佛 [936]

지심귀명례 세의불
世意佛 [937]

지심귀명례 애신불
愛身佛 [938]

지심귀명례 묘족불
妙足佛 [939]

지심귀명례 우발라불
優鉢羅佛 [940]

지심귀명례 화영불
華瓔佛 [941]

지심귀명례 무변변광불
無邊辯光佛 [942]

지심귀명례 신성불
信聖佛 [943]

지심귀명례 덕정진불
德精進佛 [944]

지심귀명례 진실불
眞實佛 [945]

지심귀명례 천주불
天主佛 [946]

지심귀명례 낙고음불
樂高音佛 [947]

지심귀명례 신정불
信淨佛 [948]

지심귀명례 바기라타불　　지심귀명례 복덕의불
　　　　　　婆耆羅陀佛 [949]　　　　　　　　福德意佛 [950]

지심귀명례 불순불　　　지심귀명례 순선고불
　　　　　　不瞬佛 [951]　　　　　　　　順先古佛 [952]

지심귀명례 취성불　　　지심귀명례 사자유불
　　　　　　聚成佛 [953]　　　　　　　　師子遊佛 [954]

지심귀명례 최상업불　　지심귀명례 신청정불
　　　　　　最上業佛 [955]　　　　　　　信淸淨佛 [956]

지심귀명례 행명불　　　지심귀명례 용음불
　　　　　　行明佛 [957]　　　　　　　　龍音佛 [958]

지심귀명례 지륜불　　　지심귀명례 재성불
　　　　　　持輪佛 [959]　　　　　　　　財成佛 [960]

지심귀명례 세애불　　　지심귀명례 제사불
　　　　　　世愛佛 [961]　　　　　　　　提舍佛 [962]

지심귀명례 무량보명불　지심귀명례 운상불
　　　　　　無量寶名佛 [963]　　　　　　雲相佛 [964]

지심귀명례 혜도불　　　지심귀명례 순법지불
　　　　　　慧道佛 [965]　　　　　　　　順法智佛 [966]

지심귀명례 허공음불　　지심귀명례 선안불
　　　　　　虛空音佛 [967]　　　　　　　善眼佛 [968]

지심귀명례 무승천불　　지심귀명례 주정불
　　　　　　無勝天佛 [969]　　　　　　　珠淨佛 [970]

지심귀명례 선재불　　　지심귀명례 등염불
　　　　　善財佛[971]　　　　　　　燈焰佛[972]

지심귀명례 보음성불　　지심귀명례 인주왕불
　　　　　寶音聲佛[973]　　　　　　人主王佛[974]

지심귀명례 부사의공덕광불 지심귀명례 수법행불
　　　　　不思議功德光佛[975]　　　隨法行佛[976]

지심귀명례 무량현불　　지심귀명례 보명문불
　　　　　無量賢佛[977]　　　　　　寶名聞佛[978]

지심귀명례 득리불　　　지심귀명례 세화불
　　　　　得利佛[979]　　　　　　　世華佛[980]

지심귀명례 고정불　　　지심귀명례 무변변재성불
　　　　　高頂佛[981]　　　　　　　無邊辯才成佛[982]

지심귀명례 차별지견불　지심귀명례 사자아불
　　　　　差別知見佛[983]　　　　　師子牙佛[984]

지심귀명례 법등개불　　지심귀명례 목건련불
　　　　　法燈蓋佛[985]　　　　　　目犍連佛[986]

지심귀명례 무우국불　　지심귀명례 의사불
　　　　　無憂國佛[987]　　　　　　意思佛[988]

지심귀명례 법천경불　　지심귀명례 단세력불
　　　　　法天敬佛[989]　　　　　　斷勢力佛[990]

지심귀명례 극세력불　　지심귀명례 멸탐불
　　　　　極勢力佛[991]　　　　　　滅貪佛[992]

지심귀명례 견음불   지심귀명례 선혜불
　　　堅音佛[993]   　　　善慧佛[994]

지심귀명례 묘의불   지심귀명례 애정불
　　　妙義佛[995]   　　　愛淨佛[996]

지심귀명례 참괴안불   지심귀명례 묘계불
　　　慚愧顔佛[997]   　　　妙髻佛[998]

지심귀명례 욕락불   지심귀명례 누지불
　　　欲樂佛[999]   　　　樓至佛[1000]

〈항마진언 降魔眞言〉

나모 사만타 부다남 옴 마하 브라바 다자 바로 우파베 마하
마이트라야 비우보 스바하[85)](3번)

〈회향진언 迴向眞言〉

옴 사르바 다타가타 바크시타 니르야 트나푸자 메가사 무드라
스파라나 삼마예 훔(3번)

제유영리일체과　무량공덕장엄신　일향요익중생자
諸有永離一切過　無量功德莊嚴身　一向饒益衆生者

아금실개귀명례[86)]
我今悉皆歸命禮

114

〈회향게 迴向偈〉

원멸 사생육도 법계유정 다겁생래제업장 아금참회계수례
願滅 四生六道 法界有情 多劫生來諸業障 我今懺悔稽首禮

원제죄장실소제 세세상행보살도(3번)
願除罪障悉消除 世世上行菩薩道

이후 축원 以後 祝願

2. 보살참법 菩薩懺法

〈정삼업진언 淨三業眞言〉

옴 바즈라 카르마 비조다야 사르바 바라 나니 부다 사비에나 삼마야 훔(3번)

〈대결계진언 大結界眞言〉

마하 사만타 부다남 사르바 트라 누가테 바다야시맘 마하 사마야 니르자테 스마라 나프라티 하데 다카다카 카라카라 반다 다자디잠 사르바 다타가타 다자테 프라바 라다르 마라 다비자예 사르바 다타가타 프라바 라다르 마라 다비자예 바가바티 비쿠 루비 쿠레 레리푸리 스바하(3번)

〈법계생진언 法界生眞言〉

나모 사만타 부다남 다르마 다투 스바바 바코 함(3번)

〈헌좌진언 獻座眞言〉

옴 수나리 자예 스바하[87](3번)

〈일체보살진언 一切菩薩眞言〉

계경소설보살문 일체제법무조작 당이여시이광명
契經所說菩薩門　一切諸法無造作　當以如是理光明

이관차성진실의 진타마니보왕인 정혜오륜호상교
而觀此聲眞實義　眞陀摩尼寶王印　定慧五輪互相交

금강합장지표식 보통일체보살법
金剛合掌之標式　普通一切菩薩法

나모 사만타 부다남 사르바 타 비마티 비키라야 다르마 다투
니르바타 삼 삼 하 스바하[88] (3번)

〈참회멸죄진언 懺悔滅罪眞言〉

옴 사르바 파파타 하나 바즈라야 스바하 (3번)

지심귀명례 문수사리보살
至心歸命禮　文殊師利菩薩[1]

지심귀명례 보현보살　　지심귀명례 무구칭보살
　　　　　普賢菩薩[2]　　　　　　　無垢稱菩薩[3]

지심귀명례 지장보살　　지심귀명례 허공장보살
　　　　　地藏菩薩[4]　　　　　　　虛空藏菩薩[5]

지심귀명례 관세음보살　　지심귀명례 대세지보살
　　　　　觀世音菩薩[6]　　　　　　大勢至菩薩[7]

지심귀명례 향상보살　　지심귀명례 대향상보살
　　　　　香象菩薩[8]　　　　　　　大香象菩薩[9]

지심귀명례 약왕보살　　지심귀명례 약상보살
　　　　　藥王菩薩[10]　　　　　　　藥上菩薩[11]

지심귀명례 금강장보살　지심귀명례 해탈월보살
　　　　　金剛藏菩薩[12]　　　　　　解脫月菩薩[13]

지심귀명례 미륵보살　　지심귀명례 분신보살
　　　　　彌勒菩薩[14]　　　　　　　奮迅菩薩[15]

지심귀명례 무소발보살　지심귀명례 다라니자재왕보살
　　　　　無所發菩薩[16]　　　　　　陀羅尼自在王菩薩[17]

지심귀명례 무진의보살　지심귀명례 견의보살
　　　　　無盡意菩薩[18]　　　　　　堅意菩薩[19]

지심귀명례 일장보살　　지심귀명례 광명당보살
　　　　　日藏菩薩[20]　　　　　　　光明幢菩薩[21]

지심귀명례 지승보살　　지심귀명례 적근보살
　　　　　智勝菩薩[22]　　　　　　　寂根菩薩[23]

지심귀명례 원의성취보살 지심귀명례 용승보살
　　　　　願意成就菩薩[24]　　　　　龍勝菩薩[25]

지심귀명례 용덕보살　　지심귀명례 승성취보살
　　　　　龍德菩薩[26]　　　　　　　勝成就菩薩[27]

지심귀명례 승장보살　　지심귀명례 파두마승보살
　　　　　勝藏菩薩[28]　　　　　　　波頭摩勝菩薩[29]

지심귀명례 성취유보살 　지심귀명례 지지보살
成就有菩薩[30] 　　　　　　地持菩薩[31]

지심귀명례 보장보살 　　지심귀명례 보인수보살
寶掌菩薩[32] 　　　　　　寶印手菩薩[33]

지심귀명례 사자의보살 　지심귀명례 사자분신후성보살
師子意菩薩[34] 　　　　　師子奮迅吼聲菩薩[35]

지심귀명례 발심즉전법륜보살
發心卽轉法輪菩薩[36]

지심귀명례 일체성차별락설보살
一切聲差別樂說菩薩[37]

지심귀명례 산락설보살 　지심귀명례 대해의보살
山樂說菩薩[38] 　　　　　大海意菩薩[39]

지심귀명례 대산보살 　　지심귀명례 애견보살
大山菩薩[40] 　　　　　　愛見菩薩[41]

지심귀명례 환희왕보살 　지심귀명례 무변관보살
歡喜王菩薩[42] 　　　　　無邊觀菩薩[43]

지심귀명례 무변관행보살 지심귀명례 파사견마보살
無邊觀行菩薩[44] 　　　　破邪見魔菩薩[45]

지심귀명례 무우덕보살 　지심귀명례 성취일체의보살
無憂德菩薩[46] 　　　　　成就一切義菩薩[47]

지심귀명례 사자보살 　　지심귀명례 선주의보살
師子菩薩[48] 　　　　　　善住意菩薩[49]

지심귀명례　무비심보살　　지심귀명례　나라덕보살
　　　　　　無比心菩薩[50]　　　　　　　那羅德菩薩[51]

지심귀명례　인다라덕보살　지심귀명례　해천보살
　　　　　　因陀羅德菩薩[52]　　　　　　海天菩薩[53]

지심귀명례　발타파라보살　지심귀명례　무약왕보살
　　　　　　拔陀波羅菩薩[54]　　　　　　無藥王菩薩[55]

지심귀명례　노사나보살　　지심귀명례　월광보살
　　　　　　盧舍那菩薩[56]　　　　　　　月光菩薩[57]

지심귀명례　지산보살　　　지심귀명례　성장보살
　　　　　　智山菩薩[58]　　　　　　　　聖藏菩薩[59]

지심귀명례　부사행보살　　지심귀명례　불공견보살
　　　　　　不捨行菩薩[60]　　　　　　　不空見菩薩[61]

지심귀명례　묘성보살　　　지심귀명례　묘성후보살
　　　　　　妙聲菩薩[62]　　　　　　　　妙聲吼菩薩[63]

지심귀명례　상미소적근보살
　　　　　　常微笑寂根菩薩[64]

지심귀명례　광사보살　　　지심귀명례　우파라안보살
　　　　　　廣思菩薩[65]　　　　　　　　憂波羅眼菩薩[66]

지심귀명례　가공양보살　　지심귀명례　상억보살
　　　　　　可供養菩薩[67]　　　　　　　常憶菩薩[68]

지심귀명례　주일체비견보살
　　　　　　住一切悲見菩薩[69]

지심귀명례 단일체악법보살
斷一切惡法菩薩[70]

지심귀명례 주일체성보살 지심귀명례 주일체유보살
住一切聲菩薩[71] 　　　　　　住一切有菩薩[72]

지심귀명례 주불성보살 　지심귀명례 무구보살
住佛聲菩薩[73] 　　　　　　　無垢菩薩[74]

지심귀명례 용맹덕보살 　지심귀명례 대정보살
勇猛德菩薩[75] 　　　　　　　大淨菩薩[76]

지심귀명례 보승보살 　　지심귀명례 나망광보살
寶勝菩薩[77] 　　　　　　　　羅網光菩薩[78]

지심귀명례 단제개보살 　지심귀명례 능사일체사보살
斷諸蓋菩薩[79] 　　　　　　　能捨一切事菩薩[80]

지심귀명례 화장엄보살 　지심귀명례 월광광명보살
華莊嚴菩薩[81] 　　　　　　　月光光明菩薩[82]

지심귀명례 최승의보살 　지심귀명례 자재천보살
最勝意菩薩[83] 　　　　　　　自在天菩薩[84]

지심귀명례 승의보살 　　지심귀명례 정의보살
勝意菩薩[85] 　　　　　　　　淨意菩薩[86]

지심귀명례 금강의보살 　지심귀명례 증장의보살
金剛意菩薩[87] 　　　　　　　增長意菩薩[88]

지심귀명례 선주보살 　　지심귀명례 선도사보살
善住菩薩[89] 　　　　　　　　善導師菩薩[90]

지심귀명례 파두마장보살 지심귀명례 보행보살
　　　　　波頭摩藏菩薩[91] 　　　　　普行菩薩[92]

지심귀명례 각보리보살　 지심귀명례 견승보살
　　　　　覺菩提菩薩[93] 　　　　　堅勝菩薩[94]

지심귀명례 단제악도보살 지심귀명례 불피권의보살
　　　　　斷諸惡道菩薩[95] 　　　　　不疲惓意菩薩[96]

지심귀명례 수미산보살　 지심귀명례 대수미산보살
　　　　　須彌山菩薩[97] 　　　　　大須彌山菩薩[98]

지심귀명례 심용맹보살　 지심귀명례 사자분신행보살
　　　　　心勇猛菩薩[99] 　　　　　師子奮迅行菩薩[100]

지심귀명례 불가사의보살 지심귀명례 선승보살
　　　　　不可思議菩薩[101] 　　　　　善勝菩薩[102]

지심귀명례 선의보살　　 지심귀명례 실어보살
　　　　　善意菩薩[103] 　　　　　實語菩薩[104]

지심귀명례 무장애보살　 지심귀명례 단제의보살
　　　　　無障礙菩薩[105] 　　　　　斷諸疑菩薩[106]

지심귀명례 보작보살　　 지심귀명례 광덕보살
　　　　　寶作菩薩[107] 　　　　　廣德菩薩[108]

지심귀명례 호현겁보살　 지심귀명례 보월보살
　　　　　護賢劫菩薩[109] 　　　　　寶月菩薩[110]

지심귀명례 만타바향보살 지심귀명례 낙작보살
　　　　　曼陀婆香菩薩[111] 　　　　　樂作菩薩[112]

지심귀명례 사익보살 　　　지심귀명례 보화보살
　　　　　思益菩薩[113] 　　　　　　　　普華菩薩[114]

지심귀명례 월승보살 　　　지심귀명례 월산보살
　　　　　月勝菩薩[115] 　　　　　　　　月山菩薩[116]

지심귀명례 승산보살 　　　지심귀명례 광산보살
　　　　　勝山菩薩[117] 　　　　　　　　光山菩薩[118]

지심귀명례 현수보살 　　　지심귀명례 공덕산보살
　　　　　賢首菩薩[119] 　　　　　　　　功德山菩薩[120]

지심귀명례 승호보살 　　　지심귀명례 나라연보살
　　　　　勝護菩薩[121] 　　　　　　　　那羅延菩薩[122]

지심귀명례 주지색보살 　　지심귀명례 마류천보살
　　　　　住持色菩薩[123] 　　　　　　　摩留天菩薩[124]

지심귀명례 입공덕보살 　　지심귀명례 연등수보살
　　　　　入功德菩薩[125] 　　　　　　　然燈首菩薩[126]

지심귀명례 상거수보살 　　지심귀명례 광명상조수보살
　　　　　常舉手菩薩[127] 　　　　　　　光明常照手菩薩[128]

지심귀명례 보수보살 　　　지심귀명례 보광보살
　　　　　寶手菩薩[129] 　　　　　　　　普光菩薩[130]

지심귀명례 성숙왕보살 　　지심귀명례 금강보보살
　　　　　星宿王菩薩[131] 　　　　　　　金剛步菩薩[132]

지심귀명례 부동화보보살 지심귀명례 보삼계보살
　　　　　不動花步菩薩[133] 　　　　　　步三界菩薩[134]

지심귀명례 무변보분신보살 지심귀명례 해혜보살
無邊步奮迅菩薩 [135] 　　　海慧菩薩 [136]

지심귀명례 선광무구주지위덕보살
善光無垢住持威德菩薩 [137]

지심귀명례 고정진보살　　지심귀명례 상관보살
高精進菩薩 [138] 　　　常觀菩薩 [139]

지심귀명례 불순보살　　지심귀명례 무언보살
不瞬菩薩 [140] 　　　無言菩薩 [141]

지심귀명례 보심보살　　지심귀명례 선사의보살
寶心菩薩 [142] 　　　善思議菩薩 [143]

지심귀명례 마니계보살　　지심귀명례 장엄왕보살
摩尼髻菩薩 [144] 　　　莊嚴王菩薩 [145]

지심귀명례 국토장엄보살 지심귀명례 인다라망보살
國土莊嚴菩薩 [146] 　　　因陀羅網菩薩 [147]

지심귀명례 천산보살　　지심귀명례 선안보살
天山菩薩 [148] 　　　善眼菩薩 [149]

지심귀명례 주지세간수보살
住持世間手菩薩 [150]

지심귀명례 대장보살　　지심귀명례 적의보살
大將菩薩 [151] 　　　寂意菩薩 [152]

지심귀명례 속행보살　　지심귀명례 선비보살
速行菩薩 [153] 　　　善臂菩薩 [154]

지심귀명례 산봉보살   지심귀명례 담무갈보살
            山峰菩薩 [155]   曇無竭菩薩 [156]

지심귀명례 승원보살
            勝願菩薩 [157]

지심귀명례 장엄상성숙산왕보살
            莊嚴相星宿山王菩薩 [158]

지심귀명례 낙설무체보살 지심귀명례 무구지보살
            樂說無滯菩薩 [159]   無垢智菩薩 [160]

지심귀명례 사가라보살   지심귀명례 단일체우보살
            娑伽羅菩薩 [161]   斷一切憂菩薩 [162]

지심귀명례 발행성취보살 지심귀명례 심행보살
            發行成就菩薩 [163]   深行菩薩 [164]

지심귀명례 청정삼륜보살 지심귀명례 적정심보살
            淸淨三輪菩薩 [165]   寂靜心菩薩 [166]

지심귀명례 무변공덕보살 지심귀명례 허공평등지보살
            無邊功德菩薩 [167]   虛空平等智菩薩 [168]

지심귀명례 파두마안보살 지심귀명례 금강당보살
            波頭摩眼菩薩 [169]   金剛幢菩薩 [170]

지심귀명례 파두마화엄보살
            波頭摩花嚴菩薩 [171]

지심귀명례 보장엄보살   지심귀명례 보로보살
            寶莊嚴菩薩 [172]   寶路菩薩 [173]

지심귀명례 공혜보살　　지심귀명례 단제엄왕보살
功慧菩薩[174]　　　　　　斷諸嚴王菩薩[175]

지심귀명례 청정광명장엄보살
淸淨光明莊嚴菩薩[176]

지심귀명례 심성보살　　지심귀명례 묘고성보살
深聲菩薩[177]　　　　　　妙鼓聲菩薩[178]

지심귀명례 니민타라보살 지심귀명례 대자재보살
尼民陀羅菩薩[179]　　　　大自在菩薩[180]

지심귀명례 제공덕신보살 지심귀명례 광명의보살
諸功德身菩薩[181]　　　　光明意菩薩[182]

지심귀명례 선견보살　　지심귀명례 불취제법보살
善見菩薩[183]　　　　　　不取諸法菩薩[184]

지심귀명례 전여근보살　　지심귀명례 사유대비보살
轉女根菩薩[185]　　　　　思惟大悲菩薩[186]

지심귀명례 보개산보살　　지심귀명례 운산후성보살
寶蓋山菩薩[187]　　　　　雲山吼聲菩薩[188]

지심귀명례 나망장엄보살 지심귀명례 보장보살
羅網莊嚴菩薩[189]　　　　寶藏菩薩[190]

지심귀명례 법계두보살　　지심귀명례 일계두보살
法雞兜菩薩[191]　　　　　日雞兜菩薩[192]

지심귀명례 무변계두보살 지심귀명례 무구장보살
無邊雞兜菩薩[193]　　　　無垢藏菩薩[194]

지심귀명례 산봉주지보살 지심귀명례 수미산등왕보살
山峰住持菩薩 [195]　　　　　　須彌山燈王菩薩 [196]

지심귀명례 수미당보살　　지심귀명례 수미산성보살
須彌幢菩薩 [197]　　　　　　須彌山聲菩薩 [198]

지심귀명례 미류왕보살　　지심귀명례 보장보살
彌留王菩薩 [199]　　　　　　寶杖菩薩 [200]

지심귀명례 보시기보살　　지심귀명례 보래보살
寶尸棄菩薩 [201]　　　　　　寶來菩薩 [202]

지심귀명례 보천보살　　　지심귀명례 법락장엄보살
寶天菩薩 [203]　　　　　　法樂莊嚴菩薩 [204]

지심귀명례 산상장엄보살 지심귀명례 금장엄광명보살
山相莊嚴菩薩 [205]　　　　金莊嚴光明菩薩 [206]

지심귀명례 청정성광보살 지심귀명례 보계보살
淸淨聲光菩薩 [207]　　　　寶髻菩薩 [208]

지심귀명례 천길보살　　　지심귀명례 백광보살
天吉菩薩 [209]　　　　　　百光菩薩 [210]

지심귀명례 화광보살　　　지심귀명례 성숙미보살
火光菩薩 [211]　　　　　　星宿味菩薩 [212]

지심귀명례 상비읍보살　　지심귀명례 광명승보살
常悲泣菩薩 [213]　　　　　光明勝菩薩 [214]

지심귀명례 일체법자재보살 지심귀명례 보륜보살
一切法自在菩薩 [215]　　　寶輪菩薩 [216]

지심귀명례 보거보살　　　지심귀명례 불공분신보살
　　　　　　寶炬菩薩[217]　　　　　　　　不空奮迅菩薩[218]

지심귀명례 운광명보살　　지심귀명례 법왕보살
　　　　　　雲光明菩薩[219]　　　　　　　法王菩薩[220]

지심귀명례 합산보살　　　지심귀명례 항복마보살
　　　　　　合山菩薩[221]　　　　　　　　降伏魔菩薩[222]

지심귀명례 보견보살　　　지심귀명례 지산당보살
　　　　　　普見菩薩[223]　　　　　　　　智山幢菩薩[224]

지심귀명례 난가보살　　　지심귀명례 인다라당보살
　　　　　　難可菩薩[225]　　　　　　　　因陀羅幢菩薩[226]

지심귀명례 금계보살　　　지심귀명례 해탈왕보살
　　　　　　金髻菩薩[227]　　　　　　　　解脫王菩薩[228]

지심귀명례 대위덕보살　　지심귀명례 보안보살
　　　　　　大威德菩薩[229]　　　　　　　普眼菩薩[230]

지심귀명례 결정법보살　　지심귀명례 이구보살
　　　　　　決定法菩薩[231]　　　　　　　離垢菩薩[232]

지심귀명례 대광보살　　　지심귀명례 대력보살
　　　　　　大光菩薩[233]　　　　　　　　大力菩薩[234]

지심귀명례 대월보살　　　지심귀명례 선월보살
　　　　　　大月菩薩[235]　　　　　　　　善月菩薩[236]

지심귀명례 정심보살　　　지심귀명례 주지화보살
　　　　　　淨心菩薩[237]　　　　　　　　住持華菩薩[238]

지심귀명례 불착행보살　　지심귀명례 이제악보살
不着行菩薩 [239]　　　　　離諸惡菩薩 [240]

지심귀명례 득대보살　　　지심귀명례 지거등보살
得大菩薩 [241]　　　　　　智炬燈菩薩 [242]

지심귀명례 무변행보살　　지심귀명례 무장애지보살
無邊行菩薩 [243]　　　　　無障礙智菩薩 [244]

지심귀명례 무구안산왕보살 지심귀명례 주지적정보살
無垢眼山王菩薩 [245]　　　　住持寂靜菩薩 [246]

지심귀명례 이암보살　　　지심귀명례 무변당보살
離闇菩薩 [247]　　　　　　無邊幢菩薩 [248]

지심귀명례 삼계존보살　　지심귀명례 세간거보살
三界尊菩薩 [249]　　　　　世間炬菩薩 [250]

지심귀명례 무장안보살　　지심귀명례 불가혐칭보살
無障眼菩薩 [251]　　　　　不可嫌稱菩薩 [252]

지심귀명례 무변견보살　　지심귀명례 무애견보살
無邊見菩薩 [253]　　　　　無礙見菩薩 [245]

지심귀명례 감로성보살　　지심귀명례 적행보살
甘露聲菩薩 [255]　　　　　寂行菩薩 [256]

지심귀명례 법운후보살　　지심귀명례 득탈일체박보살
法雲吼菩薩 [257]　　　　　得脫一切縛菩薩 [258]

지심귀명례 법운왕만족보살 지심귀명례 감로힐왕보살
法雲王滿足菩薩 [259]　　　　甘露黠王菩薩 [260]

지심귀명례 니구율왕보살 지심귀명례 무외보살
尼拘律王菩薩 [261]　　　　　　無畏菩薩 [262]

지심귀명례 정승보살　　 지심귀명례 승안보살
淨勝菩薩 [263]　　　　　　勝眼菩薩 [264]

지심귀명례 무장애수기보살
無障礙受記菩薩 [265]

지심귀명례 감로광보살　 지심귀명례 무변광보살
甘露光菩薩 [266]　　　　　無邊光菩薩 [267]

지심귀명례 단제마보살　 지심귀명례 과일체도보살
斷諸魔菩薩 [268]　　　　　過一切道菩薩 [269]

지심귀명례 불공분신경계보살
不空奮迅境界菩薩 [270]

지심귀명례 발심전법륜보살
發心轉法輪菩薩 [271]

지심귀명례 광명륜승위덕보살
光明輪勝威德菩薩 [272]

지심귀명례 지칭보살　　 지심귀명례 광명륜보살
智稱菩薩 [273]　　　　　　光明輪菩薩 [274]

지심귀명례 무량보발기보살 지심귀명례 무량정진보살
無量寶發起菩薩 [275]　　　無量精進菩薩 [276]

지심귀명례 나망광명보살 지심귀명례 대승보살
羅網光明菩薩 [277]　　　　大勝菩薩 [278]

지심귀명례 지공덕당보살 지심귀명례 묘지보살
智功德幢菩薩 [279] 　　　　妙智菩薩 [280]

지심귀명례 지공덕보살
智功德菩薩 [281]

지심귀명례 파두마승공덕보살
波頭摩勝功德菩薩 [282]

지심귀명례 제일장엄보살
第一莊嚴菩薩 [283]

지심귀명례 보광명보살　　지심귀명례 합취보살
寶光明菩薩 [284] 　　　　合聚菩薩 [285]

지심귀명례 다성보살　　지심귀명례 지작보살
多聲菩薩 [286] 　　　　智作菩薩 [287]

지심귀명례 승광명보살　　지심귀명례 보광명보살
勝光明菩薩 [288] 　　　　普光明菩薩 [289]

지심귀명례 무량광명보살
無量光明菩薩 [290]

지심귀명례 정성성보살　　지심귀명례 존승보살
淨聲聲菩薩 [291] 　　　　尊勝菩薩 [292]

지심귀명례 지향보살　　지심귀명례 보만족보살
智香菩薩 [293] 　　　　寶滿足菩薩 [294]

지심귀명례 보모니보살　　지심귀명례 무변정진보살
寶牟尼菩薩 [295] 　　　　無邊精進菩薩 [260]

지심귀명례 보견보살　　　지심귀명례 보향보살
　　　寶堅菩薩 [261]　　　　　　普香菩薩 [262]

지심귀명례 대승천왕보살 지심귀명례 성숙만보살
　　　大勝天王菩薩 [263]　　　星宿鬘菩薩 [264]

지심귀명례 불공설보살　　지심귀명례 무변승위덕보살
　　　不空說菩薩 [265]　　　　無邊勝威德菩薩 [266]

지심귀명례 용덕보살　　　지심귀명례 불공발행보살
　　　勇德菩薩 [267]　　　　　不空發行菩薩 [268]

지심귀명례 무분별발행보살
　　　無分別發行菩薩 [269]

지심귀명례 대도사보살　　지심귀명례 낙행보살
　　　大導師菩薩 [270]　　　　樂行菩薩 [271]

지심귀명례 대법보살　　　지심귀명례 지력보살
　　　大法菩薩 [272]　　　　　智力菩薩 [273]

지심귀명례 승덕보살　　　지심귀명례 지칭발행보살
　　　勝德菩薩 [274]　　　　　智稱發行菩薩 [275]

지심귀명례 대광명보살　　지심귀명례 공덕왕광명보살
　　　大光明菩薩 [276]　　　　功德王光明菩薩 [277]

지심귀명례 무장애발보살 지심귀명례 무결분신보살
　　　無障礙發菩薩 [278]　　　無缺奮迅菩薩 [279]

지심귀명례 보화보살　　　지심귀명례 불수계섭수보살
　　　寶火菩薩 [280]　　　　　不受戒攝受菩薩 [281]

지심귀명례 불화수보살　　지심귀명례 보행보살
　　　　　佛華手菩薩[282]　　　　　　　　寶行菩薩[283]

지심귀명례 보면보살　　　지심귀명례 불경포보살
　　　　　寶面菩薩[284]　　　　　　　　不驚怖菩薩[285]

지심귀명례 지상보살　　　지심귀명례 무경계행보살
　　　　　智象菩薩[286]　　　　　　　　無境界行菩薩[287]

지심귀명례 법작보살　　　지심귀명례 산화보살
　　　　　法作菩薩[288]　　　　　　　　散華菩薩[289]

지심귀명례 승혜보살　　　지심귀명례 일덕보살
　　　　　勝慧菩薩[290]　　　　　　　　日德菩薩[291]

지심귀명례 화덕보살　　　지심귀명례 상장엄보살
　　　　　火德菩薩[292]　　　　　　　　上莊嚴菩薩[293]

지심귀명례 불발관보살　　지심귀명례 보지보살
　　　　　不發觀菩薩[294]　　　　　　　普至菩薩[295]

지심귀명례 사익승혜보살 지심귀명례 득승혜보살
　　　　　思益勝慧菩薩[296]　　　　　　得勝慧菩薩[297]

지심귀명례 자재관보살　　지심귀명례 무우보살
　　　　　自在觀菩薩[298]　　　　　　　無憂菩薩[299]

지심귀명례 묘승보살　　　지심귀명례 원리제유보살
　　　　　妙勝菩薩[301]　　　　　　　　遠離諸有菩薩[302]

지심귀명례 단일체제난보살
　　　　　斷一切諸難菩薩[303]

지심귀명례 불퇴전보살　　　지심귀명례 일광명보살
　　　　　不退轉菩薩[304]　　　　　　　　日光明菩薩[305]

지심귀명례 범승보살　　　　지심귀명례 불린타라보살
　　　　　梵勝菩薩[306]　　　　　　　　不鄰陀羅菩薩[307]

지심귀명례 대공덕보살　　　지심귀명례 대약왕보살
　　　　　大功德菩薩[308]　　　　　　　　大藥王菩薩[309]

지심귀명례 묘향상보살　　　지심귀명례 사자혜보살
　　　　　妙香象菩薩[310]　　　　　　　　師子慧菩薩[311]

지심귀명례 사라태보살
　　　　　莎羅胎菩薩[312]

지심귀명례 일체법득자재보살
　　　　　一切法得自在菩薩[313]

지심귀명례 월륜보살　　　　지심귀명례 운왕보살
　　　　　月輪菩薩[314]　　　　　　　　雲王菩薩[315]

지심귀명례 산왕보살　　　　지심귀명례 무비보살
　　　　　山王菩薩[316]　　　　　　　　無比菩薩[317]

〈항마진언 降魔眞言〉

나모 사만타 부다남 옴 마하 브라바 다자 바로 우파베 마하
마이트라야 비우보 스바하(3번)

134

〈회향진언 迴向眞言〉

옴 사르바 다타가타 니르야 트나푸자 메가사 무드라 스파라나
삼마예 훔(3번)

소수일체중선업 이익일체중생고 아금진개정회향
所修一切衆善業 利益一切衆生故 我今盡皆正迴向

제생사고지보리[89]
除生死苦至菩提

〈회향게 迴向偈〉

원멸 사생육도 법계유정 다겁생래제업장 아금참회계수례
願滅 四生六道 法界有情 多劫生來諸業障 我今懺悔稽首禮

원제죄장실소제 세세상행보살도(3번)
願除罪障悉消除 世世上行菩薩道

이후 축원 以後 祝願

3. 오백나한참법 五百羅漢懺法

〈정삼업진언 淨三業眞言〉

옴 바즈라 카르마 비조다야 사르바 바라 나니 부다 사비예나
삼마야 훔(3번)

〈대결계진언 大結界眞言〉

마하 사만타 부다남 사르바 트라 누가테 바다야시맘 마하
사마야 니르자테 스마라 나프라티 하데 다카다카 카라카라
반다 다자디잠 사르바 다타가타 다자테 프라바 라다르 마라
다비자예 사르바 다타가타 프라바 라다르 마라 다비자예
바가바티 비쿠 루비 쿠레 레리푸리 스바하(3번)

〈정법계진언 淨法界眞言〉

나모 사만타 부다남 다르마 다투 사르바 바바코 함90)(3번)

〈소청진언 召請眞言〉

나모 사만타 부다남 나마 사르바 트라프라티 하테 타타가토
쿠자 보디카르야 파리 푸라카 스바하(3번)

〈헌좌진언 獻座眞言〉

옴 카크라 바르티 마하 파다트마남 프라티차 스바하[91] (3번)

〈참회진언 懺悔眞言〉

자종무시직지금 십불선급오무간 유심번뇌고소조
自從無始直至今 十不善及五無間 由心煩惱故所造

일체죄악개참회[92]
一切罪惡皆懺悔

옴 사르바 부다 보디사트바야 스바하[93] (3번)

〈주세십팔존자 住世十八尊者〉[94]

지심귀명례 빈도라발라타사존자
至心歸命禮 賓度羅跋囉墮闍尊者 [1]

지심귀명례 가낙가벌차존자
迦諾迦伐蹉尊者 [2]

지심귀명례 가낙가발려타사존자
迦諾迦跋黎墮闍尊者 [3]

지심귀명례 소빈타존자　지심귀명례 낙구라존자
蘇頻陀尊者 [4]　　　　諾矩羅尊者 [5]

지심귀명례 발타라존자　지심귀명례 가리가존자
跋陁羅尊者 [6]　　　　迦理迦尊者 [7]

지심귀명례 벌사라불다존자
伐闍羅弗多尊者[8]

지심귀명례 계박가존자　　지심귀명례 반탁가존자
戒博迦尊者[9]　　　　　　半託迦尊者[10]

지심귀명례 라호라존자　　지심귀명례 나가서나존자
羅怙羅尊者[11]　　　　　　那伽犀那尊者[12]

지심귀명례 인게타존자　　지심귀명례 벌나바사존자
因揭陀尊者[13]　　　　　　伐那婆斯尊者[14]

지심귀명례 아시다존자　　지심귀명례 주다반탁가존자
阿氏多尊者[15]　　　　　　注茶半託迦尊者[16]

지심귀명례 경우존자　　　지심귀명례 빈두로존자
慶友尊者[17]　　　　　　　賓頭盧尊者[18]

〈석교오백존자 石橋五百尊者〉

지심귀명례 아야교진여존자　지심귀명례 아니루존자
至心歸命禮 阿若憍陳如尊者[1] 至心歸命禮 阿泥樓尊者[2]

지심귀명례 유현무구존자 지심귀명례 수발타라존자
有賢無垢尊者[3]　　　　　須跋陀羅尊者[4]

지심귀명례 가류타이존자 지심귀명례 문성득과존자
迦留陀夷尊者[5]　　　　　聞聲得果尊者[6]

지심귀명례 전단장왕존자 지심귀명례 시당무구존자
栴檀藏王尊者[7]　　　　　施幢無垢尊者[8]

지심귀명례 교범발제존자 지심귀명례 인타득혜존자
憍梵鉢提尊者[9]　　　　　　因陀得慧尊者[10]

지심귀명례 가나행나존자 지심귀명례 바소반두존자
迦那行那尊者[11]　　　　　　婆蘇槃豆尊者[12]

지심귀명례 법계사락존자 지심귀명례 우루빈라존자
法界四樂尊者[13]　　　　　　優樓頻螺尊者[14]

지심귀명례 불타밀다존자 지심귀명례 나제가섭존자
佛陀密多尊者[15]　　　　　　那提迦葉尊者[16]

지심귀명례 나연라목존자 지심귀명례 불타난제존자
那延羅目尊者[17]　　　　　　佛陀難提尊者[18]

지심귀명례 말전저가존자 지심귀명례 난타다화존자
末田底迦尊者[19]　　　　　　難陀多化尊者[20]

지심귀명례 우파국다존자 지심귀명례 승가야사존자
優波鞠多尊者[21]　　　　　　僧迦耶舍尊者[22]

지심귀명례 교설상주존자 지심귀명례 상나화수존자
教說常住尊者[23]　　　　　　商那和脩尊者[24]

지심귀명례 달마파라존자 지심귀명례 가야가섭존자
達磨波羅尊者[25]　　　　　　伽耶伽葉尊者[26]

지심귀명례 정과덕업존자 지심귀명례 장엄무우존자
定果德業尊者[27]　　　　　　莊嚴無憂尊者[28]

지심귀명례 억지인연존자 지심귀명례 가나제바존자
憶持因緣尊者[29]　　　　　　迦那提婆尊者[30]

지심귀명례 파사신통존자 지심귀명례 견지삼자존자
破邪神通尊者[31] 堅持三字尊者[32]

지심귀명례 아소루타존자 지심귀명례 구마라다존자
阿少樓馱尊者[33] 鳩摩羅多尊者[34]

지심귀명례 독룡귀의존자 지심귀명례 동성계수존자
毒龍皈依尊者[35] 同聲稽首尊者[36]

지심귀명례 비라지자존자 지심귀명례 벌소밀다존자
毘羅胝子尊者[37] 伐蘇密多尊者[38]

지심귀명례 사제수나존자 지심귀명례 승법야사존자
闍提首那尊者[39] 僧法耶舍尊者[40]

지심귀명례 비밀세간존자 지심귀명례 헌화제기존자
悲密世間尊者[41] 獻花提記尊者[42]

지심귀명례 안광정력존자 지심귀명례 가야사나존자
眼光定力尊者[43] 伽耶舍那尊者[44]

지심귀명례 사저필추존자 지심귀명례 파사제바존자
莎底苾蒭尊者[45] 波闍提婆尊者[46]

지심귀명례 해공무구존자 지심귀명례 복타밀다존자
解空無垢尊者[47] 伏陁密多尊者[48]

지심귀명례 부나야사존자 지심귀명례 가야천안존자
富那夜舍尊者[49] 伽耶天眼尊者[50]

지심귀명례 불착세간존자 지심귀명례 해공제일존자
不著世間尊者[51] 解空第一尊者[52]

지심귀명례 나도무진존자 지심귀명례 금강파마존자
羅度無盡尊者[53]　　　　金剛破魔尊者[54]

지심귀명례 원호세간존자 지심귀명례 무우선정존자
願護世間尊者[55]　　　　無憂禪定尊者[56]

지심귀명례 무작혜선존자 지심귀명례 십겁혜선존자
無作慧善尊者[57]　　　　十劫慧善尊者[58]

지심귀명례 전단덕향존자 지심귀명례 금산각의존자
栴檀德香尊者[59]　　　　金山覺意尊者[60]

지심귀명례 무업숙진존자 지심귀명례 마하찰리존자
無業宿盡尊者[61]　　　　摩訶刹利尊者[62]

지심귀명례 무량본행존자 지심귀명례 일념해공존자
無量本行尊者[63]　　　　一念解空尊者[64]

지심귀명례 관신무상존자 지심귀명례 천겁비원존자
觀身無常尊者[65]　　　　千劫悲願尊者[66]

지심귀명례 구라나함존자 지심귀명례 해공정공존자
瞿羅那含尊者[67]　　　　解空定空尊者[68]

지심귀명례 성취인연존자 지심귀명례 견통정진존자
成就因緣尊者[69]　　　　堅通精進尊者[70]

지심귀명례 살타파륜존자 지심귀명례 건타하리존자
薩陀波崙尊者[71]　　　　乾陁訶利尊者[72]

지심귀명례 해공자재존자 지심귀명례 마하주나존자
解空自在尊者[73]　　　　摩訶注那尊者[74]

지심귀명례 견인비등존자 지심귀명례 불공불유존자
見人飛騰尊者[75] 不空不有尊者[76]

지심귀명례 주리반특존자 지심귀명례 구사비구존자
周利槃特尊者[77] 瞿沙比丘尊者[78]

지심귀명례 사자비구존자 지심귀명례 수행불착존자
師子比丘尊者[79] 修行不著尊者[80]

지심귀명례 필릉가차존자 지심귀명례 마리부동존자
畢陵伽蹉尊者[81] 摩利不動尊者[82]

지심귀명례 삼매감로존자 지심귀명례 해공무명존자
三昧甘露尊者[83] 解空無名尊者[84]

지심귀명례 칠불난제존자 지심귀명례 금강정진존자
七佛難提尊者[85] 金剛精進尊者[86]

지심귀명례 방편법장존자 지심귀명례 관행월륜존자
方便法藏尊者[87] 觀行月輪尊者[88]

지심귀명례 아나빈제존자 지심귀명례 불진삼매존자
阿那邠提尊者[89] 拂塵三昧尊者[90]

지심귀명례 마하구치존자 지심귀명례 벽지전지존자
摩訶俱絺尊者[91] 辟支轉智尊者[92]

지심귀명례 산정용중존자 지심귀명례 나망사유존자
山頂龍衆尊者[93] 羅網思惟尊者[94]

지심귀명례 겁빈복장존자 지심귀명례 신통억구존자
劫賓覆藏尊者[95] 神通億具尊者[96]

지심귀명례 구수구제존자 지심귀명례 법왕보리존자
具壽俱提尊者[97] 法王菩提尊者[98]

지심귀명례 법장영겁존자 지심귀명례 선주존자
法藏永劫尊者[99] 善注尊者[100]

지심귀명례 제우존자 지심귀명례 대인존자
除憂尊者[101] 大忍尊者[102]

지심귀명례 무우자재존자 지심귀명례 묘구존자
無憂自在尊者[103] 妙懼尊者[104]

지심귀명례 엄토존자 지심귀명례 금계존자
嚴土尊者[105] 金髻尊者[106]

지심귀명례 뇌덕존자 지심귀명례 뇌음존자
雷德尊者[107] 雷音尊者[108]

지심귀명례 향상존자 지심귀명례 마두존자
香象尊者[109] 馬頭尊者[110]

지심귀명례 명수존자 지심귀명례 금수존자
明首尊者[111] 金首尊者[112]

지심귀명례 경수존자 지심귀명례 중수존자
敬首尊者[113] 衆首尊者[114]

지심귀명례 변덕존자 지심귀명례 찬제존자
辨德尊者[115] 羼提尊者[116]

지심귀명례 오달존자 지심귀명례 법등존자
悟達尊者[117] 法燈尊者[118]

지심귀명례 이구존자
離垢尊者[119]

지심귀명례 경계존자
境界尊者[120]

지심귀명례 마승존자
馬勝尊者[121]

지심귀명례 천존자
天尊者[122]

지심귀명례 무승존자
無勝尊者[123]

지심귀명례 자정존자
自淨尊者[124]

지심귀명례 부동존자
不動尊者[125]

지심귀명례 휴식존자
休息尊者[126]

지심귀명례 조달존자
調達尊者[127]

지심귀명례 보광존자
普光尊者[128]

지심귀명례 지적존자
智積尊者[129]

지심귀명례 보당존자
寶幢尊者[130]

지심귀명례 선혜존자
善慧尊者[131]

지심귀명례 선안존자
善眼尊者[132]

지심귀명례 용보존자
勇寶尊者[133]

지심귀명례 보견존자
寶見尊者[134]

지심귀명례 혜적존자
慧積尊者[135]

지심귀명례 혜지존자
慧持尊者[136]

지심귀명례 보승존자
寶勝尊者[137]

지심귀명례 도선존자
道仙尊者[138]

지심귀명례 제망존자
帝網尊者[139]

지심귀명례 명망존자
明網尊者[140]

지심귀명례 보광존자
寶光尊者[141]

지심귀명례 선조존자
善調尊者[142]

지심귀명례 분신존자
奮迅尊者[143]

지심귀명례 수도존자
修道尊者[144]

지심귀명례 대상존자
大相尊者[145]

지심귀명례 선주존자
善住尊者[146]

지심귀명례 지세존자
持世尊者[147]

지심귀명례 광영존자
光英尊者[148]

지심귀명례 권교존자
權敎尊者[149]

지심귀명례 선사존자
善思尊者[150]

지심귀명례 법안존자
法眼尊者[151]

지심귀명례 범승존자
梵勝尊者[152]

지심귀명례 광요존자
光曜尊者[153]

지심귀명례 직의존자
直意尊者[154]

지심귀명례 마제존자
摩帝尊者[155]

지심귀명례 혜관존자
慧寬尊者[156]

지심귀명례 무승존자
無勝尊者[157]

지심귀명례 담마존자
曇摩尊者[158]

지심귀명례 환희존자
歡喜尊者[159]

지심귀명례 유희존자
遊戲尊者[160]

지심귀명례 도세존자
道世尊者[161]

지심귀명례 명조존자
明照尊者[162]

지심귀명례 보등존자
普等尊者[163]

지심귀명례 혜작존자
慧作尊者[164]

지심귀명례 조환존자
助歡尊者[165]

지심귀명례 난승존자
難勝尊者[166]

지심귀명례 선덕존자
善德尊者[167]

지심귀명례 보애존자
寶涯尊者[168]

지심귀명례 관신존자
觀身尊者[169]

지심귀명례 화왕존자
花王尊者[170]

지심귀명례 덕수존자
德首尊者[171]

지심귀명례 희견존자
憙見尊者[172]

지심귀명례 선숙존자
善宿尊者[173]

지심귀명례 선의존자
善意尊者[174]

지심귀명례 애광존자
愛光尊者[175]

지심귀명례 화광존자
花光尊者[176]

지심귀명례 선견존자
善見尊者[177]

지심귀명례 선근존자
善根尊者[178]

지심귀명례 덕정존자
德頂尊者[179]

지심귀명례 묘비존자
妙臂尊者[180]

지심귀명례 용맹존자
龍猛尊者[181]

지심귀명례 불사존자
弗沙尊者[182]

지심귀명례 덕광존자
德光尊者[183]

지심귀명례 산결존자
散結尊者[184]

지심귀명례 정정존자　　　지심귀명례 선관존자
　　　　　淨正尊者[185]　　　　　　　　善觀尊者[186]

지심귀명례 대력존자　　　지심귀명례 전광존자
　　　　　大力尊者[187]　　　　　　　　電光尊者[188]

지심귀명례 보장존자　　　지심귀명례 선성존자
　　　　　寶仗尊者[189]　　　　　　　　善星尊者[190]

지심귀명례 나순존자　　　지심귀명례 자지존자
　　　　　羅旬尊者[191]　　　　　　　　慈地尊者[192]

지심귀명례 경우존자　　　지심귀명례 세우존자
　　　　　慶友尊者[193]　　　　　　　　世友尊者[194]

지심귀명례 만숙존자　　　지심귀명례 천타존자
　　　　　滿宿尊者[195]　　　　　　　　闡陀尊者[196]

지심귀명례 월정존자　　　지심귀명례 대천존자
　　　　　月淨尊者[197]　　　　　　　　大天尊者[198]

지심귀명례 정장존자　　　지심귀명례 정안존자
　　　　　淨藏尊者[199]　　　　　　　　淨眼尊者[200]

지심귀명례 바라밀존자　　지심귀명례 구나함존자
　　　　　波羅密尊者[201]　　　　　　　俱那含尊者[202]

지심귀명례 삼매성존자　　지심귀명례 보살성존자
　　　　　三昧聲尊者[203]　　　　　　　菩薩聲尊者[204]

지심귀명례 길상주존자　　지심귀명례 발다라존자
　　　　　吉祥咒尊者[205]　　　　　　　鉢多羅尊者[206]

지심귀명례 무변신존자   지심귀명례 현겁수존자
　　　　　無邊身尊者[207]　　　　　　賢劫首尊者[208]

지심귀명례 금강미존자   지심귀명례 승미존자
　　　　　金剛味尊者[209]　　　　　　乘味尊者[210]

지심귀명례 바사타존자   지심귀명례 심평등존자
　　　　　婆私吒尊者[211]　　　　　　心平等尊者[212]

지심귀명례 불가비존자   지심귀명례 낙복장존자
　　　　　不可比尊者[213]　　　　　　樂覆藏尊者[214]

지심귀명례 화염신존자   지심귀명례 파라타존자
　　　　　火焰身尊者[215]　　　　　　頗羅墮尊者[216]

지심귀명례 단번뇌존자   지심귀명례 박구라존자
　　　　　斷煩惱尊者[217]　　　　　　薄俱羅尊者[218]

지심귀명례 이바다존자   지심귀명례 호묘법존자
　　　　　利婆多尊者[219]　　　　　　護妙法尊者[220]

지심귀명례 최승의존자   지심귀명례 수미등존자
　　　　　最勝意尊者[221]　　　　　　須彌燈尊者[222]

지심귀명례 몰특가존자   지심귀명례 미사색존자
　　　　　沒特伽尊者[223]　　　　　　彌沙塞尊者[224]

지심귀명례 선원만존자   지심귀명례 파두마존자
　　　　　善圓滿尊者[225]　　　　　　波頭摩尊者[226]

지심귀명례 지혜등존자   지심귀명례 전단장존자
　　　　　智慧燈尊者[227]　　　　　　栴檀藏尊者[228]

지심귀명례 가난류존자　　지심귀명례 향염당존자
迦難留尊者[229]　　　　　　香燄幢尊者[230]

지심귀명례 아습비존자　　지심귀명례 마니보존자
阿濕卑尊者[231]　　　　　　摩尼寶尊者[232]

지심귀명례 복덕수존자　　지심귀명례 이바미존자
福德首尊者[233]　　　　　　利婆彌尊者[234]

지심귀명례 사차독존자　　지심귀명례 단업존자
舍遮獨尊者[235]　　　　　　斷業尊者[236]

지심귀명례 환희지존자　　지심귀명례 건타라존자
歡憙智尊者[237]　　　　　　乾陁羅尊者[238]

지심귀명례 사가타존자　　지심귀명례 수미망존자
莎伽陀尊者[239]　　　　　　須彌望尊者[240]

지심귀명례 지선법존자　　지심귀명례 제다가존자
持善法尊者[241]　　　　　　提多迦尊者[242]

지심귀명례 수조성존자　　지심귀명례 지혜해존자
水潮聲尊者[243]　　　　　　智慧海尊者[244]

지심귀명례 중구덕존자　　지심귀명례 부사의존자
衆具德尊者[245]　　　　　　不思議尊者[246]

지심귀명례 미차선존자　　지심귀명례 니타가존자
彌遮仙尊者[247]　　　　　　尼馱伽尊者[248]

지심귀명례 수정념존자　　지심귀명례 정보리존자
首正念尊者[249]　　　　　　淨菩提尊者[250]

지심귀명례 범음천존자　　지심귀명례 인지과존자
梵音天尊者[251]　　　　　　因地果尊者[252]

지심귀명례 각성해존자　　지심귀명례 정진산존자
覺性解尊者[253]　　　　　　精進山尊者[254]

지심귀명례 무량광존자　　지심귀명례 부동의존자
無量光尊者[255]　　　　　　不動意尊者[256]

지심귀명례 수선업존자　　지심귀명례 아일다존자
修善業尊者[257]　　　　　　阿逸多尊者[258]

지심귀명례 손타라존자　　지심귀명례 성봉혜존자
孫陀羅尊者[259]　　　　　　聖峯慧尊者[260]

지심귀명례 만수행존자　　지심귀명례 아리다존자
曼殊行尊者[261]　　　　　　阿利多尊者[262]

지심귀명례 법륜산존자　　지심귀명례 중화합존자
法輪山尊者[263]　　　　　　重和合尊者[264]

지심귀명례 법무주존자　　지심귀명례 천고성존자
法無住尊者[265]　　　　　　天鼓聲尊者[266]

지심귀명례 여의륜존자　　지심귀명례 수광염존자
如意輪尊者[267]　　　　　　首光焰尊者[268]

지심귀명례 무비교존자　　지심귀명례 다가루존자
無比校尊者[269]　　　　　　多伽樓尊者[270]

지심귀명례 이바다존자　　지심귀명례 보현행존자
利婆多尊者[271]　　　　　　普賢行尊者[272]

지심귀명례 지삼매존자　　지심귀명례 위덕성존자
　　　　　持三昧尊者[273]　　　　　　　威德聲尊者[274]

지심귀명례 이바다존자　　지심귀명례 명무진존자
　　　　　利婆多尊者[275]　　　　　　　名無盡尊者[276]

지심귀명례 아나실존자　　지심귀명례 보승산존자
　　　　　阿那悉尊者[277]　　　　　　　普勝山尊者[278]

지심귀명례 변재왕존자　　지심귀명례 행화국존자
　　　　　辨才王尊者[279]　　　　　　　行化國尊者[280]

지심귀명례 성용종존자　　지심귀명례 서남산존자
　　　　　聲龍種尊者[281]　　　　　　　誓南山尊者[282]

지심귀명례 부가야존자　　지심귀명례 행전법존자
　　　　　富伽耶尊者[283]　　　　　　　行傳法尊者[284]

지심귀명례 향금수존자　　지심귀명례 마나라존자
　　　　　香金手尊者[285]　　　　　　　摩拏羅尊者[286]

지심귀명례 광보현존자　　지심귀명례 혜의왕존자
　　　　　光普現尊者[287]　　　　　　　慧依王尊者[288]

지심귀명례 항마군존자　　지심귀명례 수염광존자
　　　　　降魔軍尊者[289]　　　　　　　首燄光尊者[290]

지심귀명례 지대의존자　　지심귀명례 장률행존자
　　　　　持大醫尊者[291]　　　　　　　藏律行尊者[292]

지심귀명례 덕자재존자　　지심귀명례 복용왕존자
　　　　　德自在尊者[293]　　　　　　　服龍王尊者[294]

지심귀명례 사야다존자　　지심귀명례 진마리존자
闍夜多尊者[295]　　　　　　秦摩利尊者[296]

지심귀명례 의법승존자　　지심귀명례 시바라존자
義法勝尊者[297]　　　　　　施婆羅尊者[298]

지심귀명례 천제마존자　　지심귀명례 왕주도존자
闡提魔尊者[299]　　　　　　王住道尊者[300]

지심귀명례 무구행존자　　지심귀명례 아파라존자
無垢行尊者[301]　　　　　　阿波羅尊者[302]

지심귀명례 성귀의존자　　지심귀명례 선정과존자
聲皈依尊者[303]　　　　　　禪定果尊者[304]

지심귀명례 불퇴법존자　　지심귀명례 승가야존자
不退法尊者[305]　　　　　　僧伽耶尊者[306]

지심귀명례 달마진존자　　지심귀명례 지선법존자
達磨眞尊者[307]　　　　　　持善法尊者[308]

지심귀명례 수승과존자　　지심귀명례 심승수존자
受勝果尊者[309]　　　　　　心勝修尊者[310]

지심귀명례 회법장존자　　지심귀명례 상환희존자
會法藏尊者[311]　　　　　　常歡喜尊者[312]

지심귀명례 위의다존자　　지심귀명례 두타승존자
威儀多尊者[313]　　　　　　頭陀僧尊者[314]

지심귀명례 의세장존자　　지심귀명례 덕정오존자
議洗腸尊者[315]　　　　　　德淨悟尊者[316]

지심귀명례 무구장존자 　지심귀명례 항복마존자
　　　　　無垢藏尊者[317]　　　　　　　降伏魔尊者[318]

지심귀명례 아승가존자 　지심귀명례 금부락존자
　　　　　阿僧伽尊者[319]　　　　　　　金富樂尊者[320]

지심귀명례 돈오존자 　　지심귀명례 주타바존자
　　　　　頓悟尊者[321]　　　　　　　　周陀婆尊者[322]

지심귀명례 주세간존자 　지심귀명례 등도수존자
　　　　　住世間尊者[323]　　　　　　　燈導首尊者[324]

지심귀명례 감로법존자 　지심귀명례 자재왕존자
　　　　　甘露法尊者[325]　　　　　　　自在王尊者[326]

지심귀명례 수달나존자 　지심귀명례 초법우존자
　　　　　須達那尊者[327]　　　　　　　超法雨尊者[328]

지심귀명례 덕묘법존자 　지심귀명례 응진존자
　　　　　德妙法尊者[329]　　　　　　　應眞尊者[330]

지심귀명례 견고심존자 　지심귀명례 성향응존자
　　　　　堅固心尊者[331]　　　　　　　聲嚮應尊者[332]

지심귀명례 응부공존자 　지심귀명례 진겁공존자
　　　　　應赴供尊者[333]　　　　　　　塵劫空尊者[334]

지심귀명례 광명등존자 　지심귀명례 집보거존자
　　　　　光明燈尊者[335]　　　　　　　執寶炬尊者[336]

지심귀명례 공덕상존자 　지심귀명례 인생심존자
　　　　　功德相尊者[337]　　　　　　　忍生心尊者[338]

지심귀명례 아시다존자　　지심귀명례 향상존자
阿氏多尊者[339]　　　　　　香象尊者[340]

지심귀명례 식자생존자　　지심귀명례 찬탄원존자
識自生尊者[341]　　　　　　讚歎願尊者[342]

지심귀명례 정불라존자　　지심귀명례 성인중존자
定拂羅尊者[343]　　　　　　聲引衆尊者[344]

지심귀명례 이정어존자　　지심귀명례 구사존존자
離淨語尊者[345]　　　　　　鳩舍尊尊者[346]

지심귀명례 울다라존자　　지심귀명례 복업제존자
鬱多羅尊者[347]　　　　　　福業除尊者[348]

지심귀명례 나여습존자　　지심귀명례 약존존자
羅餘習尊者[349]　　　　　　藥尊尊者[350]

지심귀명례 승해공존자　　지심귀명례 수무덕존자
勝解空尊者[351]　　　　　　修無德尊者[352]

지심귀명례 희무착존자　　지심귀명례 월개존존자
喜無著尊者[353]　　　　　　月蓋尊尊者[354]

지심귀명례 전단라존자　　지심귀명례 심정론존자
栴檀羅尊者[355]　　　　　　心定論尊者[356]

지심귀명례 암라만존자　　지심귀명례 정생존존자
菴羅滿尊者[357]　　　　　　頂生尊尊者[358]

지심귀명례 살화단존자　　지심귀명례 직복덕존자
薩和壇尊者[359]　　　　　　直福德尊者[360]

지심귀명례 수나찰존자　지심귀명례 희견존존자
須那利尊者[361]　　　　　　憙見尊尊者[362]

지심귀명례 위람왕존자　지심귀명례 제바장존자
韋藍王尊者[363]　　　　　　提婆長尊者[364]

지심귀명례 성대리존자　지심귀명례 법수존자
成大利尊者[365]　　　　　　法首尊者[366]

지심귀명례 소빈타존자　지심귀명례 중덕수존자
蘇頻陀尊者[367]　　　　　　衆德首尊者[368]

지심귀명례 금강장존자　지심귀명례 구가리존자
金剛藏尊者[369]　　　　　　瞿伽梨尊者[370]

지심귀명례 일조명존자　지심귀명례 무구장존자
日照明尊者[371]　　　　　　無垢藏尊者[372]

지심귀명례 제의망존자　지심귀명례 무량명존자
除疑網尊者[373]　　　　　　無量明尊者[374]

지심귀명례 제중우존자　지심귀명례 무구덕존자
除衆憂尊者[375]　　　　　　無垢德尊者[376]

지심귀명례 광명망존자　지심귀명례 선수행존자
光明網尊者[377]　　　　　　善修行尊者[378]

지심귀명례 좌청량존자　지심귀명례 무우안존자
坐淸涼尊者[379]　　　　　　無憂眼尊者[380]

지심귀명례 거개장존자　지심귀명례 자명존존자
去蓋障尊者[381]　　　　　　自明尊尊者[382]

지심귀명례 화륜조존자　　지심귀명례 정제구존자
和倫調尊者[383]　　　　　淨除垢尊者[384]

지심귀명례 거제업존자　　지심귀명례 자인존존자
去諸業尊者[385]　　　　　慈仁尊尊者[386]

지심귀명례 무진자존자　　지심귀명례 입타노존자
無盡慈尊者[387]　　　　　颯陀怒尊者[388]

지심귀명례 나라달존자　　지심귀명례 행원지존자
那羅達尊者[389]　　　　　行願持尊者[390]

지심귀명례 천안존존자　　지심귀명례 무진지존자
天眼尊尊者[391]　　　　　無盡智尊者[392]

지심귀명례 변구족존자　　지심귀명례 보개존존자
徧具足尊者[393]　　　　　寶蓋尊尊者[394]

지심귀명례 신통화존자　　지심귀명례 사선식존자
神通化尊者[395]　　　　　思善識尊者[396]

지심귀명례 희신정존자　　지심귀명례 마하남존자
喜信靜尊者[397]　　　　　摩訶南尊者[398]

지심귀명례 무량광존자　　지심귀명례 금광혜존자
無量光尊者[399]　　　　　金光慧尊者[400]

지심귀명례 복용시존자　　지심귀명례 환화공존자
伏龍施尊者[401]　　　　　幻化空尊者[402]

지심귀명례 금강명존자　　지심귀명례 연화정존자
金剛明尊者[403]　　　　　蓮花淨尊者[404]

지심귀명례 구나의존자　　지심귀명례 현수존존자
拘那意尊者[405]　　　　　　賢首尊尊者[406]

지심귀명례 이선라존자　　지심귀명례 조정장존자
利亘羅尊者[407]　　　　　　調定藏尊者[408]

지심귀명례 무구칭존자　　지심귀명례 천음성존자
無垢稱尊者[409]　　　　　　天音聲尊者[410]

지심귀명례 대위광존자　　지심귀명례 자재주존자
大威光尊者[411]　　　　　　自在主尊者[412]

지심귀명례 명세계존자　　지심귀명례 최상존존자
明世界尊者[413]　　　　　　最上尊尊者[414]

지심귀명례 금강존존자　　지심귀명례 견만의존자
金剛尊尊者[415]　　　　　　蠲慢意尊者[416]

지심귀명례 최무비존자　　지심귀명례 초절륜존자
最無比尊者[417]　　　　　　超絶倫尊者[418]

지심귀명례 월보리존자　　지심귀명례 지세계존자
月菩提尊者[419]　　　　　　持世界尊者[420]

지심귀명례 정화지존자　　지심귀명례 무변신존자
定花至尊者[421]　　　　　　無邊身尊者[422]

지심귀명례 최승당존자　　지심귀명례 기악법존자
最勝幢尊者[423]　　　　　　棄惡法尊者[424]

지심귀명례 무애행존자　　지심귀명례 보장엄존자
無礙行尊者[425]　　　　　　普莊嚴尊者[426]

지심귀명례 무진자존자　　지심귀명례 상비민존자
無盡慈尊者[427]　　　　　　常悲愍尊者[428]

지심귀명례 대진장존자　　지심귀명례 광염명존자
大塵障尊者[429]　　　　　　光燄明尊者[430]

지심귀명례 지안명존자　　지심귀명례 견고행존자
智眼明尊者[431]　　　　　　堅固行尊者[432]

지심귀명례 주운우존자　　지심귀명례 부동라존자
澍雲雨尊者[433]　　　　　　不動羅尊者[434]

지심귀명례 보광명존자　　지심귀명례 심관정존자
普光明尊者[435]　　　　　　心觀淨尊者[436]

지심귀명례 나라덕존자　　지심귀명례 사자존존자
那羅德尊者[437]　　　　　　師子尊尊者[438]

지심귀명례 법상존존자　　지심귀명례 정진변존자
法上尊尊者[439]　　　　　　精進辯尊者[440]

지심귀명례 낙설과존자　　지심귀명례 관무변존자
樂說果尊者[441]　　　　　　觀無邊尊者[442]

지심귀명례 사자번존자　　지심귀명례 파사견존자
師子翻尊者[443]　　　　　　破邪見尊者[444]

지심귀명례 무우덕존자　　지심귀명례 행무변존자
無憂德尊者[445]　　　　　　行無邊尊者[446]

지심귀명례 혜금강존자　　지심귀명례 의성취존자
慧金剛尊者[447]　　　　　　義成就尊者[448]

지심귀명례 선주의존자　　지심귀명례 신증존존자
善住義尊者 [449]　　　　　信證尊尊者 [450]

지심귀명례 행경단존자　　지심귀명례 덕보흡존자
行敬端尊者 [451]　　　　　德普洽尊者 [452]

지심귀명례 사자작존자　　지심귀명례 행인자존자
師子作尊者 [453]　　　　　行忍慈尊者 [454]

지심귀명례 무상공존자　　지심귀명례 용정진존자
無相空尊者 [455]　　　　　勇精進尊者 [456]

지심귀명례 승청정존자　　지심귀명례 유성공존자
勝淸淨尊者 [457]　　　　　有性空尊者 [458]

지심귀명례 정나라존자　　지심귀명례 법자재존자
淨那羅尊者 [459]　　　　　法自在尊者 [460]

지심귀명례 사자협존자　　지심귀명례 대현광존자
師子頰尊者 [461]　　　　　大賢光尊者 [462]

지심귀명례 마하라존자　　지심귀명례 음조민존자
摩訶羅尊者 [463]　　　　　音調敏尊者 [464]

지심귀명례 사자억존자　　지심귀명례 괴마군존자
師子臆尊者 [465]　　　　　壞魔軍尊者 [466]

지심귀명례 분별신존자　　지심귀명례 정해탈존자
分別身尊者 [467]　　　　　淨解脫尊者 [468]

지심귀명례 질직행존자　　지심귀명례 지인자존자
質直行尊者 [469]　　　　　智仁慈尊者 [470]

지심귀명례 구족의존자　　지심귀명례 여의잡존자
具足儀尊者 [471]　　　　　如意雜尊者 [472]

지심귀명례 대치묘존자　　지심귀명례 겁빈나존자
大熾妙尊者 [473]　　　　　劫賓那尊者 [474]

지심귀명례 보염광존자　　지심귀명례 고원행존자
普焰光尊者 [475]　　　　　高遠行尊者 [476]

지심귀명례 득불지존자　　지심귀명례 적정행존자
得佛智尊者 [477]　　　　　寂靜行尊者 [478]

지심귀명례 오진상존자　　지심귀명례 파원적존자
悟眞常尊者 [479]　　　　　破冤賊尊者 [480]

지심귀명례 멸악취존자　　지심귀명례 성해통존자
滅惡趣尊者 [481]　　　　　性海通尊者 [482]

지심귀명례 법통존자　　　지심귀명례 민불식존자
法通尊者 [483]　　　　　　愍不息尊者 [484]

지심귀명례 섭중심존자　　지심귀명례 도대중존자
攝衆心尊者 [485]　　　　　導大衆尊者 [486]

지심귀명례 상은행존자　　지심귀명례 보살자존자
常隱行尊者 [487]　　　　　菩薩慈尊者 [488]

지심귀명례 발중고존자　　지심귀명례 심성응존자
拔衆苦尊者 [489]　　　　　尋聲應尊者 [490]

지심귀명례 수겁정존자　　지심귀명례 주법수존자
數劫定尊者 [491]　　　　　注法水尊者 [492]

지심귀명례 득정통존자   지심귀명례 혜광증존자
　　　　　得定通尊者[493]   　　　　　慧廣增尊者[494]

지심귀명례 육근진존자   지심귀명례 발도라존자
　　　　　六根盡尊者[495]   　　　　　拔度羅尊者[496]

지심귀명례 사살타존자   지심귀명례 주다가존자
　　　　　思薩埵尊者[497]   　　　　　注茶迦尊者[498]

지심귀명례 발리라존자   지심귀명례 원사중존자
　　　　　鉢利羅尊者[499]   　　　　　願事衆尊者[500]

〈회향진언 迴向眞言〉

옴 사르바 다타가타 바크시타 니르야 트나푸자 메가사 무드라
스파라나 삼마예 훔(3번)

제유영리일체과 무량공덕장엄신 일향요익중생자
諸有永離一切過 無量功德莊嚴身 一向饒益衆生者

아금실개귀명례
我今悉皆歸命禮

〈회향게 迴向偈〉

원멸 사생육도 법계유정 다겁생래제업장 아금참회계수례
願滅 四生六道 法界有情 多劫生來諸業障 我今懺悔稽首禮

원제죄장실소제 세세상행보살도(3번)
願除罪障悉消除 世世上行菩薩道

이후 축원 以後 祝願

Ⅲ.
진언의례
眞言儀禮

1. 백불명다라니 百佛名陀羅尼

나모 바가바테 칸드라 프라바야 타타가타야 아르하테
삼막삼부타야 〈1〉 월광불 月光佛

나모 바가바테 아크소바야 타타가타야 아르하테
삼막삼부타야 〈2〉 아축불 阿閦佛

나모 바가바테 마하 뷰하야 타타가타야 아르하테
삼막삼부타야 〈3〉 대장엄불 大莊嚴佛

나모 바가바테 타사라 간다야 타타가타야 아르하테
삼막삼부타야 〈4〉 다가라향불 多伽羅香佛

나모 바가바테 다르마 파바사야 타타가타야 아르하테
삼막삼부타야 〈5〉 법조요불 法照曜佛

나모 바가바테 칸다나 간다야 타타가타야 아르하테
삼막삼부타야 〈6〉 전단향불 栴檀香佛

나모 바가바테 카르파 아드바이타야 타타가타야 아르하테
삼막삼부타야 〈7〉 최상자비불 最上慈悲佛

나모 바가바테 파드마 가르바야 타타가타야 아르하테
삼막삼부타야 〈8〉 연화장불 蓮花藏佛

나모 바가바테 파드마 요나야 타타가타야 아르하테
삼막삼부타야 〈9〉 연화생불 蓮華生佛

나모 바가바테 라트나 지키네 타타가타야 아르하테
삼막삼부타야 〈10〉 보계불 寶髻佛

나모 바가바테 아가루 간다야 타타가타야 아르하테
삼막삼부타야 〈11〉 아가로향불 阿伽嚕香佛

나모 바가바테 아나타 비르야야 타타가타야 아르하테
삼막삼부타야 〈12〉 무량정진불 無量精進佛

나모 바가바테 칸다나 바누베 타타가타야 아르하테
삼막삼부타야 〈13〉 전단향광불 栴檀香光佛

나모 바가바테 구나 사가라야 타타가타야 아르하테
삼막삼부타야 〈14〉 공덕해불 功德海佛

나모 바가바테 프라바다 사가라야 타타가타야 아르하테
삼막삼부타야 〈15〉 산호해불 珊瑚海佛

나모 바가바테 만주 드바자야 타타가타야 아르하테
삼막삼부타야 〈16〉 묘당불 妙幢佛

나모 바가바테 브라마네 타타가타야 아르하테 삼막삼부타야
〈17〉 범덕불 梵德佛

나모 바가바테 마하 프라니다나야 타타가타야 아르하테
삼막삼부타야 〈18〉 대원불 大願佛

나모 바가바테 마하 다르마 둔두비 스바라야 타타가타야
아르하테 삼막삼부타야 〈19〉 대법고음불 大法鼓音佛

나모 바가바테 자네니 프라바야 타타가타야 아르하테
삼막삼부타야 〈20〉 망명불 網明佛

나모 바가바테 아미타바야 타타가타야 아르하테
삼막삼부타야 〈21〉 아미타불 阿彌陀佛

나모 바가바테 브마마 다타야 타타가타야 아르하테
삼막삼부타야 〈22〉 청정시불 淸淨施佛

나모 바가바테 마하 다르마 드바자야 타타가타야 아르하테
삼막삼부타야 〈23〉 대법당불 大法幢佛

나모 바가바테 마하 프라디파야 타타가타야 아르하테
삼막삼부타야 〈24〉 대거불 大炬佛

나모 바가바테 발구 스바라야 타타가타야 아르하테
삼막삼부타야 〈25〉 묘성불 妙聲佛

나모 바가바테 아바키르나야 쿠수마야 타타가타야 아르하테
삼막삼부타야 〈26〉 산화불 散花佛

나모 바가바테 마하 마이트라야 타타가타야 아르하테
삼막삼부타야 〈27〉 대자불 大慈佛

나모 바가바테 심하 고사야 타타가타야 아르하테
삼막삼부타야 〈28〉 사자음불 師子音佛

나모 바가바테 즈리 라트노타마 뷰하 테조 라자야 타타가타야
아르하테 삼막삼부타야 〈29〉 공덕보승장엄위덕왕불 功德寶勝莊嚴威德
王佛

나모 바가바테 인드라 케투 드바자 라자야 타타가타야
아르하테 삼막삼부타야 〈30〉 제석당상왕불 帝釋幢相王佛

나모 바가바테 크세맘 카라야 타타가타야 아르하테
삼막삼부타야 〈31〉 안락불 安樂佛

나모 바가바테 심하 나다 라자야 타타가타야 아르하테
삼막삼부타야 〈32〉 사자후왕불 師子吼王佛

나모 바가바테 심하 드바자야 타타가타야 아르하테
삼막삼부타야 〈33〉 사자당불 師子幢佛

나모 바가바테 데바 라자야 타타가타야 아르하테
삼막삼부타야 〈34〉 천왕불 天王佛

나모 바가바테 사만타 프라바사야 타타가타야 아르하테
삼막삼부타야 〈35〉 보광불 普光佛

나모 바가바테 사만타 프라바 삼야그 다르지네 타타가타야
아르하테 삼막삼부타야 〈36〉 보광정견불 普光正見佛

나모 바가바테 아조카 푸스피네 타타가타야 아르하테
삼막삼부타야 〈37〉 무우화불 無憂花佛

나모 바가바테 우트파라 간다야 타타가타야 아르하테
삼막삼부타야 〈38〉 우바라향불 優波羅香佛

나모 바가바테 마하 프라바야 타타가타야 아르하테
삼막삼부타야 〈39〉 대명불 大明佛

나모 바가바테 마하 아르키 스칸다야 타타가타야 아르하테
삼막삼부타야 〈40〉 대염견불 大焰肩佛

나모 바가바테 우타프타 바이두르야 니르바사야 타타가타야
아르하테 삼막삼부타야 〈41〉 청정비유리광불 淸淨毘琉璃光佛

나모 바가바테 비푸라 네트라야 타타가타야 아르하테
삼막삼부타야 〈42〉 광목불 廣目佛

나모 바가바테 파드모타마야 타타가타야 아르하테
삼막삼부타야 〈43〉 연화존불 蓮花尊佛

나모 바가바테 쿠수마 프라바야 타타가타야 아르하테
삼막삼부타야 〈44〉 화광불 華光佛

나모 바가바테 나가 아비부베 타타가타야 아르하테
삼막삼부타야 〈45〉 용승불 龍勝佛

나모 바가바테 푸스파 케투베 타타가타야 아르하테
삼막삼부타야 〈46〉 화영불 華英佛

나모 바가바테 간다 하스티네 타타가타야 아르하테
삼막삼부타야 〈47〉 향수불 香手佛

나모 바가바테 프라바 사다 아난다 사만타 아바바사 아난타
구나 사가라 뷰하 라자야 타타가타야 아르하테 삼막삼부타야
〈48〉 보조상락광명무량공덕해장엄왕불 普照常樂光明無量功德海莊嚴王佛

나모 바가바테 프라 보다나야 타타가타야 아르하테
삼막삼부타야 〈49〉 정각불 正覺佛

나모 바가바테 나바 아누푸르바 비하라 사마파티 쿠자라야
타타가타야 아르하테 삼막삼부타야 〈50〉 선주구차제선정불 善住九
次第禪定佛

나모 바가바테 니미야 타타가타야 아르하테 삼막삼부타야
〈51〉 니미불 尼彌佛

나모 바가바테 아파리마나 간도타마 라자야 타타가타야
아르하테 삼막삼부타야 〈52〉 무량향승왕불 無量香勝王佛

나모 바가바테 칸드라 가르바야 타타가타야 아르하테
삼막삼부타야 〈53〉 월장불 月藏佛

나모 바가바테 타마라 파트라 칸다나 간다 아비즈나야
타타가타야 아르하테 삼막삼부타야 〈54〉 다마라발다라전단향신통
불 多摩羅跋多羅栴檀香神通佛

나모 바가바테 아디트야 삼바바야 타타가타야 아르하테
삼막삼부타야 〈55〉 일생불 日生佛

나모 바가바테 구나 케투베 타타가타야 아르하테
삼막삼부타야 〈56〉 공덕당불 功德幢佛

나모 바가바테 메루 프라디파야 타타가타야 아르하테
삼막삼부타야 〈57〉 수미등불 須彌燈佛

나모 바가바테 마니 라트나 쿠타 라자야 타타가타야 아르하테
삼막삼부타야 〈58〉 마니보적왕불 摩尼寶積王佛

나모 바가바테 비즈라 삼하타야 타타가타야 아르하테
삼막삼부타야 〈59〉 금강견고불 金剛堅固佛

나모 바가바테 비스마 가르지타 스바라야 타타가타야
아르하테 삼막삼부타야 〈60〉 위음왕불 威音王佛

나모 바가바테 아미타 드바자야 타타가타야 아르하테
삼막삼부타야 〈61〉 무량당불 無量幢佛

170

나모 바가바테 수다르자나야 타타가타야 아르하테
삼막삼부타야 〈62〉 선견불 善見佛

나모 바가바테 비라 난디네 타타가타야 아르하테
삼막삼부타야 〈63〉 정진희불 精進喜佛

나모 바가바테 사가라 부디 다리 아브히즈나 구프타야
타타가타야 아르하테 삼막삼부타야 〈64〉 해지각신통선호불 海持覺
神通善護佛

나모 바가바테 살렌드라 라자야 타타가타야 아르하테
삼막삼부타야 〈65〉 사라수왕불 娑羅樹王佛

나모 바가바테 바산타 간디네 타타가타야 아르하테
삼막삼부타야 〈66〉 향춘불 香春佛

나모 바가바테 르시 데바야 타타가타야 아르하테
삼막삼부타야 〈67〉 선천불 仙天佛

나모 바가바테 싱하 베가 비즈름비티야 타타가타야 아르하테
삼막삼부타야 〈68〉 사자용맹분신불 師子勇猛奮迅佛

나모 바가바테 비즈바 부베 타타가타야 아르하테
삼막삼부타야 〈69〉 미소왜부불 微蘇哇部佛

나모 바가바테 아난타 파리 키르타나야 타타가타야
아르하테 삼막삼부타야 〈70〉 모무변칭불 謨無邊稱佛

나모 바가바테 즈나나 구나 지카라 라자야 타타가타야
아르하테 삼막삼부타야 〈71〉 지덕봉왕불 智德峰王佛

나모 바가바테 구나 프라바사 라자야 타타가타야 아르하테
삼막삼부타야 〈72〉 공덕광명왕불 功德光明王佛

나모 바가바테 푸스파 드바자야 타타가타야 아르하테
삼막삼부타야 〈73〉 화당불 花幢佛

나모 바가바테 라트나 테조 아비 우드가타 라자야 타타가타야
아르하테 삼막삼부타야 〈74〉 보위덕상왕불 寶威德上王佛

나모 바가바테 비라 세나야 타타가타야 아르하테
삼막삼부타야 〈75〉 정진군불 精進軍佛

나모 바가바테 나가 아비부베 타타가타야 아르하테
삼막삼부타야 〈76〉 용승불 龍勝佛

나모 바가바테 구나 푸스파 가르바야 타타가타야 아르하테
삼막삼부타야 〈77〉 공덕화장불 功德華藏佛

나모 바가바테 라트나 삼바바야 타타가타야 아르하테
삼막삼부타야 〈78〉 보생불 寶生佛

나모 바가바테 아난타 구나 라트나 뷰하 테조 라자야
타타가타야 아르하테 삼막삼부타야 〈79〉 무량공덕보장엄위덕왕불

無量功德寶莊嚴威德王佛

172

나모 바가바테 사르바 아르타 다르자야 타타가타야 아르하테
삼막삼부타야 〈80〉 견일체의불 見一切義佛

나모 바가바테 사만타 다르지네 타타가타야 아르하테
삼막삼부타야 〈81〉 보견불 普見佛

나모 바가바테 라트나 아카라야 타타가타야 아르하테
삼막삼부타야 〈82〉 보장불 寶藏佛

나모 바가바테 사만타 바드라야 타타가타야 아르하테
삼막삼부타야 〈83〉 보현불 普賢佛

나모 바가바테 마하 아비즈나 즈나나 아비부베 타타가타야
아르하테 삼막삼부타야 〈84〉 대통승지불 大通智勝佛

나모 바가바테 마하 카라야 타타가타야 아르하테
삼막삼부타야 〈85〉 대광불 大光佛

나모 바가바테 사르바 사트바 프리야 다르즈나야 타타가타야
아르하테 삼막삼부타야 〈86〉 일체중생희견불 一切衆生喜見佛

나모 바가바테 라트나 즈리예 타타가타야 아르하테
삼막삼부타야 〈87〉 보공덕불 寶功德佛

나모 바가바테 라트나 차트라 아비 우드가타 아바바사야
타타가타야 아르하테 삼막삼부타야 〈88〉 보산개출생광명조요불

寶傘蓋出生光明照耀佛

나모 바가바테 무크타 차트라 프라바다 자드르자야
타타가타야 아르하테 삼막삼부타야 〈89〉 진주산호개불 眞珠珊瑚蓋佛

나모 바가바테 구나 아그라 다리네 타타가타야 아르하테
삼막삼부타야 〈90〉 승공덕불 勝功德佛

나모 바가바테 로카 푸지타야 타타가타야 아르하테
삼막삼부타야 〈91〉 세간공경불 世間恭敬佛

나모 바가바테 라트나 쿠수마 비즈름비타야 타타가타야
아르하테 삼막삼부타야 〈92〉 보화분신불 寶花奮迅佛

나모 바가바테 구나 라자야 타타가타야 아르하테
삼막삼부타야 〈93〉 공덕취불 功德聚佛

나모 바가바테 즈나나 케투베 타타가타야 아르하테
삼막삼부타야 〈94〉 지당불 智幢佛

나모 바가바테 라트나 칸드라야 타타가타야 아르하테
삼막삼부타야 〈95〉 보월불 寶月佛

나모 바가바테 로케 즈바라 라자야 타타가타야 아르하테
삼막삼부타야 〈96〉 세자재왕불 世自在王佛

나모 바가바테 니트야 파리 니르바르타야 타타가타야
아르하테 삼막삼부타야 〈97〉 상적정불 常寂靜佛

나모 바가바테 푸스피타야 타타가타야 아르하테
삼막삼부타야 〈98〉 개부연화불 開敷蓮花佛

나모 바가바테 칸드라 수르야 비마라 프라바사 즈리예
타타가타야 아르하테 삼막삼부타야 〈99〉 일월정명덕불 日月淨明德佛

나모 바가바테 나가 고트라 프라바라 아그라 라자야
타타가타야 아르하테 삼막삼부타야 〈100〉 용종상존왕불 龍種上尊
王佛 95)

2. 범어 반야바라밀다심경 梵語 般若波羅密多心經

아르야 아바로키데 즈바라야 보디사트바 감비람 프라자나 파라미타 카람 카라 마자 뱌 바로카티 스마 반카 스칸다 아사타스 카 스바바 주냠 파쟈티 스마 이하 사리푸트라 루팜 이바 주냐타 주냐타베 루팜 루파 나프리타크 주냐타 주냐타 나프리타그 루팜 야드 루팜 사주냐타 야드 주냐타 사루팜 에밤 에바 베다나 삼즈나 삼스카라 비즈나남 이하 사리푸트라 사르바 다르마 주냐타 라크사나 아누트 판나 아니루다 아마라 아비미라 아누나 아파리푸르나 타스마트 사리푸트라 쥬냐타 마 나루팜 라베다나 나삼즈나 나삼스카라 나비즈나남 나카크수 스토라 그라나 지바 카야 마나사 나루팜 사다 간다 라사 스파르스타뱌 다르마 나카쿠수르 다투 야반 나 마노미즈나남 다투 나아비댜 나아비댜 크사요 야반 나자라 마라남 나자라 마라남 크사요 나 두카 삼무다야 니로다 마르 가 나즈나남 나프라프티 나 아디 삼마야 타스만 나 나프라프 티트바 보디사트바남 프라즈나 파라미탐 아스리탸 비하라탸 키타 나 아바라나 나스티트바 나트라스토 비파랴사 아티크 란타 니스타 니르바남 트랴 드바 뱌바스티타 사르바 부다 프라즈나 파라미탐 아스리탸 아누타람 삼먁 삼보딤 아비 삼부다 타스마즈 즈나타밤 프라즈나 파라미타 마하 만트라

176

마하 비드야 만트라 아누타라 만트라 아사마 사마티 만트라
사르바 두카 프라사마나 사탐 아미탸트바 프라즈나 파라미
탐 우크토 만트라 타댜타
가테 가테 파라가테 파라삼가테 보디 스바하[96](3번)

3. 관음진언 觀音眞言

1) 신묘장구대다라니 神妙長句大陀羅尼

나모 라트나 트라야야 나마 아르야바로키테 즈바라야 보디
사트바야 마하 사트바야 마하 카루니카야 사르바 반다나
체단마 카라야 사르바 바바 사무드람 수크사나 카라야 사르
바 비야디 프라자 마나 카라야 사베티튜 반드라바 비나 자나
카라야 사르바 바예스야 트라나 카라야 타스마이 나마 스크
르트바 이남 아르야바로키테 즈바라야 바시탐 니라캄타베
나마 흐르다야 마브라타 이챠미 사르바 타사 다캄 주밤 아지
얌 사르바 부다남 바바 마르가 비주다캄 타댜타 옴 아로케
아로카 마티로카 티크람테헤 하레 아르야바로키테 즈바라
마하 보디사트바헤 보디사트바헤 마하 보디사트바헤 비르야
보디사트바헤 마하 카루니카야 스미라 스미라 흐르다얌 히
히 하레 아르야 비로키테 즈바라 마헤 즈바라 파라 마트라
키타 마하 카루니카야 쿠루쿠루 카르맘 사다야 사다야 비디
얌 니헤니헤 타바람 카맘 가마 비가마 시다유게 즈바라 두루
두루 비얀티 마하 비얀티 다라 다라 다라 인드레 즈바라
카라카라 비마라 마라 아르야비로키테 즈바라 지나 크르스
니 자타 마쿠타 바람마 프라람마 비람마 마하 시다 비드야
다라 바라바라 마하 바라바라 바라 마하 바라 카라카라 마하

178

카라 크르스니 브르나 디르가 크르스니 파크사 디르가 타나
헤 파드마 하스티 카라카라 디자 카라 즈바라 크르스니 사라
파 크르타야 죠파비타 에히 에헤 마하 바라하 무카 트리푸라
다하네 즈바라 나라야나 바루파 바라 마그라 아리헤 니라캄
타헤 마하 카라 하라하라 비자 니르지타 로카스야 라가 비자
비나 자나 드비사 비사 비나 자나 무하 비사 비나 자나 후루후
루 마라 후루 하레 마하 파드마 나바 사라사라 시리시리
수루수루 무루무루 부디아 부디아 보다야 보다야 마이테
니라감타 에히 에헤 마마 스티타 심하 무카 하사 하사 뭄카
뭄카 마하 타타하삼 에히 에헤 팜 마하 시다유게 즈바라
사나 사나 바케 사다야 사다야 비디암 스미라 스미라 잠바
가브람탐 로키타 비로키탐 로케 즈바람 타다가탐 다다헤메
다르자나 카마스야 다르자남 프라크라다야 마나 스바하 시
다야 스바하 마하 시다야 스바하 시다요게 스바라야 스바하
니라캄타야 스바하 바라하 무카야 스바하 마하 다라 심하
무카야 스바하 시다 비디야 다라야 스바하 파드마 하스타야
스바하 크르스니 사르파 크르다야 죠파비타야 스바하 마하
라쿠타 다라야 스바하 카크라 유다야 스바하 잔카 자브다니
보다나야 스바하 마마 스칸다 비자 스티타 크르스니 지나야
스바하 뱌그라 카마 니바 사나야 스바하 로케 즈바라야 스바
하 사르바 시데 즈바라야 스바하
나모 바가바테 아르야바로키테 즈바라야 보디사트바야 마하

사트바야 마하 카루니카야 시디얀투메 반트라 파다야 스바
하97)

2) 청경관음다라니 靑頸觀音陀羅尼

나모 라트나 트라야야 나모 아르야바로키테 즈바라야 보디
사트바야 마하 사트바야 마하 카루니키야 옴 사르바 라바예
주다나 다스야 나모 스크로타이모 아르야바로키테 시바람
다바 나모 나라키디 헤림 아바다 사메 사르바 아타두 주밤
아제얌 사르바 부다남 아바가 마바 두두 타댜타 옴 아바로카
로카테 카라레 에헤르 마하 보디사트바야 마하 말마라 마마
헤르다얌 쿠루 카르맘 두루 바자야테 마하 바자야테 다라
디리니 라야 카라 카라 마마 바마라 바바야테 마하 바자야테
다라 디리니 라야 카라 카라 마마 바마라 무크테레 에헤
에헤 킨다 아르삼 프라카리 바사 바삼 프라자야 후룰 마라
사라 시리 수루 보디야 보다야 마이트리야 나라킨디 다르시
니나 파사 마나 스바하 시다야 스바하 마하 시다야 스바하
시다요게 즈바카라야 스바하 나라킨디 스바하 마라 나라
스바하 시라삼 하무카야 스바하 파 마하 시다야 스바하 키크
라 시다야 스바하 파드마 카스타야 스바하 나라 킨디바 가라
야 스바하 마바리 자그카야 스바하

180

나모 라트나 트라야나 나모 아르야 바로키테 즈바라야 보디
스바하[98]

3) 준제다라니 準提陀羅尼

나모 부다야 나모 다르마야 나모 삼가야 나마 사릅자 부다
보디사트바야 나모 라트나 트나야 나모 아르야 마하 쿤데
나모 사프타남 삼막삼부다 코티남 타댜타 옴 카레 쿠루 쿤데
니 스바하 마하 비르야 아프라티하테 자사네 마하 바라 파라
크라메 아시 무사라 파라주 파자 그리타 하스타 마하 크루다
크루데 즈바리 우그라 루피니 아난타 무키 사하스라 부제
아지테 아파라지테 아마기누 크사메 사하 사라 아크시 사르
바 다타가타 디스티네 사르바 데바타남 반디타 푸지타 프라
사디테 바즈라 고니 바즈레 바즈라 바헤 바즈라 유데 바즈라
카미니 바즈로 타미리타 아크시 아크사예 이구레 고라 루피
니 비크르타 다르자네 바즈라 바이두르야 란크르타 자리레
옴 바가바티 쿤데 드룸 드룸 트룸 트룸 부루 부루 루루 스루
스루 드루 드루 그르나 그르나 아베자야 아베자야 그르나
파야 그르나 파야 하라 하라 사라 사라 마라야 마라야 다라
다라 바자 바자 마르다 마르다 마라야 마라야 파카 파카
다하 다하 그르나 그르나 이담 두스타 그라함 즈바람 에카히
캄 드바히캄 트랴히캄 카트루타캄 사프타히캄 니트야 즈바

람 무후르티캄 그라하 부다 베타남 야크사 라크사사 쿰바남
요니 잠 카르마 잠 스타바람 잠가맘 요마힘 잠티 케수 두스타
남 사르밤 사다야 사다야 마르다야 마르다야 주사야 주사야
타파야 타파야 우트사다야 우트사다야 하나 하나 바즈레나
사라 사라 단데나 마라 마라 칸데나 훔 훔 훔 쿠루 쿠루
드루 드루 쿰 쿰 쿰 드룸 드룸 드룸 옴 카레 쿠레 스바하
쿤데 마마 잔티 쿠루 스바하[99]

4) (관자재보살) 파악업장소복독해다라니 觀自在菩薩 破惡業障消伏毒害陁羅尼

나모 라트나 트라야야 나마 아르야바로키테 즈바라야 보디
사트바야 마하 사트바야 마하 카루니카야 타스마이 나마
스크르트바 이맘 아르야바로키테 즈바라야 바시탐 아트마
라크사 파라 라크사 프라하라 삼카라 마니 지비타 트라야니
만다 프라모크사니 사르바 사트바 프라사다니 사르바 사트
바 바러키니 타댜타 오하니 모하니 잡브니 스탐브니 아바히
모하 안다레 판다레 주다니 즈베테 판다라 바시니 후루 후루
판다레 투루 투루 판다레 쿠루 쿠루 판다레 비카라 판다레
투루 투루 판다레 판다레 바시니 히니 히니 니히니 사르바
두스타 프라 두스타 사르바 프라티야 미트라 사르베 삼 두스
타남 반다야미 스탐바야미 오하야미 마하야미 바라야미 나

모 아르야바로키테 즈바라스야 브라마 카르예나 스트야 바
크예나 스바스티르바 바투 마마 사르바 사트바스야 바그람
티탐 브라마 누모디투 스바하[100)

4. 지장보살진언 地藏菩薩眞言

1) 지장보살다라니 地藏菩薩陀羅尼
   (一名 : 具足水火吉祥光明大記明咒)

나모 라트나 트라야야 나마 아르야 크스티 가르바야 보디사
트바야 마하 사트바야 타댜타 크삼부 크삼부 수크삼부 아카
자 크삼부 바라카 크삼부 암부 크삼부 바이라 크삼부 바즈라
크삼부 아로카 크삼부 다마 크삼부 사탸마 크삼부 사탸니
하라 크삼부 뱌바로카 크사나 크삼부 우파사나 크삼부 나야
나 크삼부 프라즈나 삼부티 나라 크삼부 크사나 크삼부 비시
랴 크삼부 자스타 라바 크삼부 뱌다수티 마히레 다히레 다마
사마 카크라시 카크라시 바시레 크시레 비레 히레 그라삼
바라 프레테 히레 프라베 프라카라 바르타네 라트나 파레
카카 카카 히레 미레 에카 타타타케 타드쿠로 타레 타레
미레 마데 타데 쿠레 쿠미레 미레 안구 키타 비아리 기리
파라 기리 쿠타 사마레 난게 난게 나구레 후루 후루 후루
쿠루 스투 미레 미레 미미레 데미레 타레 바다다 하라 히라
히레 후루 후로 루파 라자 비주타네 스바하 카리 요가 비주타
네 스바하 카루사 마나 비주타네 스바하 카루사 마하 부타
비주타네 스바하 카루사 라사 비주타네 스바하 카루사 아우
자 비주타네 스바하 사르바 사파리 푸라니 스바하 사르바

사삼 파다니 스바하 사르바 타타가타 디스티테 스바하 사르
바 보디사트바 두모디테 스바하101)

2) 지장보살광대심다라니 地藏菩薩廣大心陀羅尼

나모 크스티 가르바야 마하 만다라 라자야 옴 숨바 니숨바
하라 카라 마하 파사 마루타 아모가 바즈라 사트바 스바하102)

5. 문수보살진언 文殊菩薩眞言

1) 문수보살일백팔명다라니 文殊菩薩一百八名陁羅尼
(一名 : 金剛界大神變千鉢聖曼殊室利童眞大菩薩一百八名陁羅尼)

나모 사만타 즈네야 아제사 스파라나 비주다 부디 뵤 다자이
데 사르바 다타가테 뵤 라뱌 삼먁삼부다 뵤 나모 만주스리예
사카라 마라 카람 가파 가타 케타세 비바라 구나 아람 크르타
야 아마라 나라 수라 뷰자가 비댜다라 자타 마쿠타 니카시타
파다 피담 무자야 나모 만주스리예 나모 만주 고사야 마하
보디사트바야 비비다 아파야 두르가티 비다라다야 타댜타
옴 보 마니 루키라 카라파 비키트라 무크타 나맘 크르타
자리라 파라마 사트바 모카카 타타가타 다르마 코자다라
프라바라 다르마 라브다 비쟈야 수라타 삼보고 파다르자카
크레잠 가라 프라자마카 주냐타 스바바바 바누사리 마하
보디사트바 바라 바라 다란 다자 옴 마하 파자 프라사라
프라사라 아사마 삼마 프라사라 사라 사라 헤헤 만주 바라다
바즈라 카드가 친다 친다 빈다 빈다 비라자 비라자 카르마
아파가마카 수카 다다 쿠루쿠루 두루두루 수루수루 다다
다다 마하 마하 모하야 모하야 보보 비마 비마 나다나다
사라사라 마하 사트바 모카야 맘 마나타 마누스리 자타 아파
야 두카 수캄 다다 마하 카루니카 아나토 함 두키토 함 사루조

186

함 우파드루토 함 아비비크토 함 쿠시도 함 사라나 함 다르모 함 트밤 바가밤 두키타 남 수캄 다다 아나타 남 사나타 카라 사루자 남 비라자 스카라 우파두르타 남 사르보 파드라바 두카 자마카 아비비크타 남 쿠자레 다르마 삼바라 파리 푸라 이타 쿠시다 남 비르야 다타 사라나 비다르미 남 암르타파 다타 마마피 바가밤 나토 바바 자라 남 파라야나 사트라타 사르바 두카 아니메 자마야 사르바 쿠레자 라자 시메 아파나 야 사르바 삼사로 우파드라 두카 아니메 나자야 쿠자라 다르 마 파리 푸르남 메 쿠루 사르바 카르마 아바라나 파르바타 아니메 비키라 마하 보디사트바 세비타 비르야 파라미타 요감 메 삼니요자야 아라나 다르마 비라가 비라자 삼자하 프라자하 다라니 사마 카사마 자라 니디 사메 메루 사마 마하 보디사트바 바라다 스바하103)

2) 문수사리최승근본심왕다라니 文殊師利最勝根本心王 陀羅尼

나모 사르바 타타가테 뵤 아르하드야 삼막삼부다 뵤 옴 쿠마 라 루핀 베사 다라 아가차 아가차 라후 라후 브롬 브롬 훔 훔 지나 지크 만주즈리예 수즈리예 타라야 맘 사르바 두케 뱌 파트 파트 삼마야 삼마야 아미토파 야소드 바바 파팜 메 나바야 스바하104)

6. 보현보살진언 普賢菩薩眞言

1) 보현보살법계심다라니 普賢菩薩法界心陀羅尼

다댜타 옴 나모 나마 트리뷰바네 즈바라 마하 보가야 아사마 사마 아미타 사마 아난타 사마 가가나 사마 트리뷰바 사마 아제나 사마 베사 파라 마르타 사바바 사마 타타가타 사마 아라자 사마 주디 사마 부디 사마 다르마 타타타 사마 아비사야 사마 사마 에카 나야 사가라 비주타로카 히히 라브다 라브다 비자야 비자야 암 프라사크타 나야 나야 함 키라 키티 스타나 삼보가 암 아나 아라야 아라야 다르마 크라 타라 타라 자야 자야 훔 훔 담마 담마 스바하105)

2) 보현보살근본다라니 普賢菩薩根本陀羅尼

나모 사르바 부다 보디사트바 뵤 나마 아르야 바이로카나 타타가타야 타냐타 시테 시테 수시테 시담 아르타 즈타바마 테 아로카 사타니 사만타 파드라키토 투스파다 시그라 시그 라 아카라 아가차 사만타 파드라 파니트르 트르바 누가타 프라티스타 부다 비삼 바다야 스바하106)

7. 약사여래진언 藥師如來眞言

1) 약사유리광여래(대)다라니 藥師琉璃光如來大陀羅尼

나모 바가바테 바이사자야 그루 바이두르야 프라바 라자야
타타가타야 아르하테 삼막삼부타 타댜타 아움 바이사제 바
이스제 삼무드 가테 스바하[107]

2) 약왕보살다라니 藥王菩薩陀羅尼

아무카 마하 무카 즈바레 마하 다크시 마하 다크시 잔쿠리
마하 잔쿠리 우마티 우마티 다크시 다크시 마하 다크시 두테
두테 마하 두테 아유 아유 마하 아유 루카라 마하 루카라
다사메 다사메 마하 다사메 타두 타두 마하 드바두 카루니카
다사라 스바하 아투쿠 아투쿠 마단기 파탐치 카티 차루 카티
부다 카레 카루니카 스바하[108]

3) 약상보살다라니 藥上菩薩陀羅尼

나모 푸자보 루보크사 루보크사 카루니카 로무 로무 카루니
카 비티 비티 카루니카 아비디타 아비다 아비다 카루니카
산카라 스바하[109]

8. 신중다라니 神衆陀羅尼

1) 사천왕 四天王

(1) 보청진언 普請眞言

옴 나마스 카트로 마하 로카 파이아야 비루다카 비루파크사 드리타라스타 쿠베람 이테삼 사르바 데바남 푸쟌티 푸나푸 나 사르바 바리 사르바 두팜 사르바 디팜 타데바 파라 바스타 차트람 카르만 다니 프라니파트예 자가트 구루 옴 즈리 바이 즈라 바나야 푸르밤 가메 나마 스바하[110]

(2) 사천왕(소설)신주 四天王所說神咒

타댜타 푸스페 수푸스페 둠마 파리 하레 아르야 프라자스테 잔테 니르무카 만가레 스타비테 스바하[111]

2) 비사문천왕다라니 毘沙門天王陀羅尼
(一名 : 如意摩尼寶心神咒)

나모 라트나 트랴야야 나모 바이즈라 마나야 마하 라자야 사르바 사트바남 아자파리 프라나야 시디 카라야 수카 다나 야 타스마이 나마스 크르트바 이맘 바이즈라 마나 흐르다야

마바르타 이쟈미 사르바 사트바 수카바함 타댜타 옴 시디
수무 수무 카카 카카 카라 카라 사라 사라 카라 카라 키리키리
쿠루쿠루 무루무루 쿠루쿠루 사다야 아르탐 마마 니트야
아르타 노바바 스바하 나모 바이즈람 바바야 스바하 다나다
야 스바하 마모 라트나 파리 프라 크라야 스바하[112]

3) 세자재범천다라니 世自在梵天陀羅尼

타댜타 아마레 비마레 가나 삼디 하레 칸디 마하 칸디 차미
수미 스타미 아바르하 비바하 안가사 비단라 카르베 마라
파리 치데 야크사 칸데 비자카 칸데 아바르타네 삼바르타네
삼스카라네 잠바네 모하네 우차르타네 하마하 하마하 하마
하 아쿤카네 카카 자바 아마라 아무라 아무라 무라 파리바르
타 아발가 카바 스바하[113]

IV.
점안(이운)의
點眼〔移運〕儀

1. 불상점안 佛像點眼

〈옹호게 擁護偈〉

팔부금강호도량 공신속부보천왕 삼계제천함래집
八部金剛護道場 空神速赴報天王 三界諸天咸來集

여금불찰보정상
如今佛刹補禎祥

〈금강보살봉청게 金剛菩薩奉請偈〉

봉청금강권보살 봉청금강삭보살 봉청금강애보살
奉請金剛眷菩薩 奉請金剛索菩薩 奉請金剛愛菩薩

봉청금강어보살 봉청청제재금강 봉청황수구금강
奉請金剛語菩薩 奉請靑除灾金剛 奉請黃隨求金剛

봉청벽독금강 봉청백정수금강 봉청적성금강
奉請辟毒金剛 奉請白淨水金剛 奉請赤聲金剛

봉청정제재금강 봉청자현금강 봉청대신금강
奉請定除灾金剛 奉請紫賢金剛 奉請大身金剛

〈갈향게 喝香偈〉

전단목주중생상 급여여래보살형 만면천두수각이
栴檀木做衆生像 及與如來菩薩形 萬面千頭雖各異

약문훈기일반향
若聞熏氣一般香

〈삼등게 三燈偈〉

승상법등등승등 발등광명보조자 위광요존대조명
勝上法燈燈勝燈 發燈光明普照者 爲光耀尊大照明

계수귀명불광상[114](3번)
稽首歸命佛光相

〈불등진언 佛燈眞言〉

옴 아마라 캄 티테 지니 스바하[115](3번)

〈보살등진언 菩薩燈眞言〉

옴 칸다니 즈레스나 카리 훔 파투(3번)

〈금강부등진언 金剛部燈眞言〉

옴 비브르타 로카나 훔 파투(3번)

〈삼귀의 三歸依〉

지심귀명례 진허공변법계 시방상주 삼세제불타
至心歸命禮 盡虛空徧法界 十方常住 三世諸佛陀

지심귀명례 진허공변법계 시방상주 삼세제달마
至心歸命禮 盡虛空徧法界 十方常住 三世諸達摩

지심귀명례 진허공변법계 시방상주 삼세제승가
至心歸命禮 盡虛空徧法界 十方常住 三世諸僧伽

⟨헌향게 獻香偈⟩

수유미향화 불능역풍훈 불식명전단 중우일체향
雖有美香花 不能逆風熏 不息名栴檀 衆雨一切香

지성능화아 이내역풍향 정사명장부 보훈우시방
志性能和雅 爾乃逆風香 正士名丈夫 普熏于十方

목밀급전단 청연제우향 일체차중향 계향최무상
木蜜及栴檀 靑蓮諸雨香 一切此衆香 戒香最無上

시등청정자 소행무방일 불지마경로 불견소귀취
是等淸淨者 所行無放逸 不知魔徑路 不見所歸趣

차도지영안 차도최무상 소획단예원 항복절마망[116)
此道至永安 此道最無上 所獲斷穢源 降伏絶魔網

⟨분향진언 焚香眞言⟩

나모 사만타 부다남 다르마 다트 밤 우가테 스바하[117)(3번)

전단목주중생상 급여여래보살형 만면천두수각이
栴檀木做衆生像 及與如來菩薩形 萬面千頭雖各異

196

약문훈기일반향
若聞熏氣一般香

〈천수다라니 千手陀羅尼〉

나모 라트나 트라야야 나마 아르야바로키테 즈바라야 보디
사트바야 마하 사트바야 마하 카루니카야 사르바 반다나
체단마 카라야 사르바 바바 사무드람 수크사나 카라야 사르
바 비야디 프라자 마나 카라야 사베티튜 반드라바 비나 자나
카라야 사르바 바예스야 트라나 카라야 타스마이 나마 스크
르트바 이남 아르야바로키테 즈바라야 바시탐 니라캄타베
나마 흐르다야 마브라타 이챠미 사르바 타사 다캄 주밤 아지
얌 사르바 부다남 바바 마르가 비주다캄 타댜타 옴 아로케
아로카 마티로카 티크람테헤 하레 아르야바로키테 즈바라
마하 보디사트바헤 보디사트바헤 마하 보디사트바헤 비르야
보디사트바헤 마하 카루니카야 스미라 스미라 흐르다얌 히
히 하레 아르야 비로키테 즈바라 마헤 즈바라 파라 마트라
키타 마하 카루니카야 쿠루쿠루 카르맘 사다야 사다야 비디
얌 니헤니헤 타바람 카맘 가마 비가마 시다유게 즈바라 두루
두루 비얀티 마하 비얀티 다라 다라 다라 인드레 즈바라
카라카라 비마라 마라 아르야 비로키테 즈바라 지나 크르스
니 자타 마쿠타 바람마 프라람마 비람마 마하 시다 비드야
다라 바라바라 마하 바라바라 바라 마하 바라 카라카라 마하

카라 크르스니 브르나 디르가 크르스니 파크사 디르가 타나
헤 파드마 하스티 카라카라 디자 카라 즈바라 크르스니 사라
파 크르타야 죠파비타 에히 에헤 마하 바라하 무카 트리푸라
다하네 즈바라 나라야나 바루파 바라 마그라 아리헤 니라캄
타헤 마하 카라 하라하라 비자 니르지타 로카스야 라가 비자
비나 자나 드비사 비사 비나 자나 무하 비사 비나 자나 후루후
루 마라 후루 하레 마하 파드마 나바 사라사라 시리시리
수루수루 무루무루 부디아 부디아 보다야 보다야 마이테
니라감타 에히 에헤 마마 스티타 심하 무카 하사 하사 뭄카
뭄카 마하 타타하삼 에히 에헤 팜 마하 시다유게 즈바라
사나 사나 바케 사다야 사다야 비디암 스미라 스미라 잠바
가브람탐 로키타 비로키탐 로케 즈바람 타다가탐 다다헤메
다르자나 카마스야 다르자남 프라크라다야 마나 스바하 시
다야 스바하 마하 시다야 스바하 시다요게 스바라야 스바하
니라캄타야 스바하 바라하 무카야 스바하 마하 다라 심하
무카야 스바하 시다 비디야 다라야 스바하 파드마 하스타야
스바하 크르스니 사르파 크르다야 죠파비타야 스바하 마하
라쿠타 다라야 스바하 카크라 유다야 스바하 잔카 자브다니
보다나야 스바하 마마 스칸다 비자 스티타 크르스니 지나야
스바하 뱌그라 카마 니바 사나야 스바하 로케 즈바라야 스바
하 사르바 시데 즈바라야 스바하
나모 바가바테 아르야바로키테 즈바라야 보디사트바야 마하

사트바야 마하 카루니카야 시디얀투메 반트라 파다야 스바
하(3번)

〈팔부봉청 八部奉請〉

공백시방삼보중 명왕예적중위신 범왕제석사천왕
恭白十方三寶衆 明王穢迹衆威神 梵王帝釋四天王

팔부천룡함호념 차일장수평등공 요영차지이상거
八部天龍咸護念 此日將修平等供 要令此地異常居

수빙신력위가지 청정광명동불찰
須憑神力爲加持 淸淨光明同佛刹

〈결계진언 結界眞言〉

아금지송 금강부심진언 가지정수 산쇄사방 결방우계
我今持誦 金剛部心眞言 加持淨水 散洒四方 結方隅界

당원 차도량내 주잡사방 여금강성장 견고막범
當願 此道場內 周市四方 如金剛城牆 堅固莫犯

옴 아미타 비로키테 사르바 삼 라크사니 아카르사니 훔 훔
파 파 투 투 파투 스바하[118](3번)

아금지송 소실지진언 가지묘향 훈복공중 결허공계
我今持誦 蘇悉地眞言 加持妙香 熏馥空中 結虛空界

당원 차공지상 과백유순 향운보복 여대보개
當願 此空之上 過百由旬 香雲普覆 如大寶蓋

〈소실지진언 蘇悉地眞言〉

옴 수시디 크리 즈바르타 마모 두타예 즈바라 즈바라 반다

반다 가라 가라 호 쿰 투[119](3번)

〈보살성중봉청 菩薩聖衆奉請〉

계수시방무상각 원전교행리삼경 대심보살대승승
稽首十方無上覺 圓詮教行理三經 大心菩薩大乘僧

연각성문삼보중 전교사의칭열조 천선팔부중신왕
緣覺聲聞三寶衆 傳教四依稱列祖 天仙八部衆神王

아금보도건단장 원전자광수밀증
我今普度建壇場 願展慈光垂密證

〈소청성중진언 召請聖衆眞言〉

나모 사만타 부다남 아 사르바 트라프라티 하테 타타가토

쿠자 보디 카르야 파리푸 라카 스바하[120](3번)

〈연기소 緣起疏〉

시이 사바세계 남섬부주 해동 대한민국 (주소) ○○사
是以 娑婆世界 南贍部洲 海東 大韓民國　　　　○○寺

청정수월도량 원아 금차 지극지정성 불기 (날짜) 발원
淸淨水月道場 願我 今次 地極之情性 佛紀　　　 發願

봉청재자 ○○불(보살) 등 신조성(화성, 개금 등) 점안
奉請齋者 ○○佛(菩薩) 等 新造成(畫成, 蓋金 等) 點眼

(이운)법회 (주소) ○○사 동참대중 등 시방삼세
(移運)法會　　　 ○○寺 同參大衆 等 十方三世

불보살전 계수정례 설단 계청
佛菩薩前 稽首頂禮 設檀 啓請

〈금강살타진언 金剛薩埵眞言〉

나모 사만타 바즈라남 칸다마 하로 사나 훔[121](3번)

〈무능감인진언 無能堪忍眞言〉[122]

나모 사만타 부다남 레루 피리 비쿠레 스바하(3번)

〈부동존종자심진언 不動尊種子心眞言〉[123]

나모 사만타 바즈라 남 함(3번)

〈도향진언 塗香眞言〉[124]

나모 사만타 부다남 비주다 간도 드바바 스바하(3번)

〈산화진언 散華眞言〉[125]

나모 사만타 부다남 마하 마이트르야 뷰드가테 스바하(3번)

〈연등진언 燃燈眞言〉

나모 사만타 부다남 타타가나 르키스파라 나바바 사나 가가나 우다르야 스바하(3번)

〈가영 歌詠〉

법신영법신 성해초삼계 묘용하방구오근 담적응연상각료
法身詠法身 性海超三界 妙用何妨具五根 湛寂凝然常覺了

인간천상양점은 보신영인원과 만증여여 의정장엄상호구
人間天上揚霈恩 報身詠因圓果 滿證如如 依正莊嚴相好俱

구경천중등보좌 보리수하현금구 화신영도솔 야마영선서
究竟天中登寶座 菩提樹下現金軀 化身詠兜率 夜摩迎善逝

수미타화견여래 동시동회동여차 월인천강불가시 아축영
須彌陀化見如來 同時同會同如此 月印千江不可猜 阿閦詠

동방아축무군동 반야궁중자성지 상주안심환희국 금강경
東方阿閦無羣動 般若宮中自性持 常住安心歡喜國 金剛鏡

지사수미 보성영남방 보성여래불 상주보광반야궁 복덕장
智似須彌 寶性詠南方 寶性如來佛 常住普光般若宮 福德莊

202

엄개구족 원명성지접군몽 관음영위기 미타반야궁 묘관자
嚴皆具足 圓明性智接羣蒙 觀音詠位寄 彌陀般若宮 妙觀自

재방심통 수연상주삼마지 운지흥비일체동 성취영진중북
在放心通 雖然常住三摩地 運智興悲一體同 成就詠珎重北

방지해운 운능장우이군생 해함제보심무애 반야궁중지월
方智海雲 雲能長雨利羣生 海舍諸寶深無碍 般若宮中智月

명 사림영사방 사대제보살 상주금강반야중 오부다라제전
明 四林詠四方 四大諸菩薩 常住金剛般若中 五部多羅諸詮

사 상지불법증 원통옹호영
士 常持佛法證 圓通擁護詠

범왕제석사천왕 불법문중서원견 열립초제천만세
梵王帝釋四天王 佛法門中誓願堅 列立招提千萬歲

자연신문획금선
自然神問獲金仙

(증명법사는 붓 등을 사용하여 점안상(불화)과 주위에 청수를 뿌린다.)

〈법신진언 法身眞言〉

옴 사르바 타타가타 다데 사야미 사르바 사트바 헤타르타야

다르마 다투 사르티 티르바 바투[126](3번)

〈보신진언 報身眞言〉

옴 스바하바 주도 함[127](3번)

〈화신진언 化身眞言〉[128]

옴 사르바 사모 훔(3번)

〈아촉진언 阿閦眞言〉[129]

옴 사르바 타타가타 푸자 파스바나야 아함 니르야 타야미 사르바 탈가타 바즈라 사트바 디스타 스바맘 훔(3번)

〈보생진언 寶生眞言〉[130]

옴 사르바 타타가타 푸자 비세카야 아남 니르야 타야미 사르바 타타가타 바즈라 라트나 비시바남 트라(3번)

〈무량수진언 無量壽眞言〉

옴 사르바 타타가타 푸자 프라바르트 타야나 아나 니르야 타야미 사르바 타타가타 바즈라 다르마 프라바르트 타야 맘 흐리(3번)

〈불공성취진언 不空成就眞言〉

옴 사르바 타타가타 푸자 카르마 니나 아함 니르야 타야미
사르바 타타가타 바즈라 카르마 쿠루 맘 아(3번)

〈금강지진언 金剛持眞言〉

옴 사르바 타타가타 카야 바크 킨타 바즈라 바드마남 카로미
옴 바즈라 비(3번)

〈증정진언 證定眞言〉

옴 사르바 타타가타 잠 시타 사르바 사트바남 사르바 시다야
흐삼 파드야남 타타가타 즈카디 티스타 남(3번)

〈강생게 降生偈〉

아불석사자　종도솔천궁　강신하염부　입마야태장
我佛釋師子　從兜率天宮　降身下閻浮　入摩耶胎藏

원금역여시　입차공상중　심심적연정　구주어세간
願今亦如是　入此空像中　甚深寂然定　久住於世間

복자제중생　발무상도심　시작대불사　자차공성불
福資諸衆生　發無上道心　施作大佛事　自此共成佛

〈오색사진언 五色絲眞言〉

(사부대중은 오색실을 잡고서 서있고 법주는 팥을 뿌린다.)

옴 미푸라 바레 파라 바이자야 아모가 파드미 캄[131](3번)

나모 청정법신비로자나불 나모 원만보신노사나불
南謨 清淨法身毘盧遮那佛 南謨 圓滿報身盧舍那佛

나모 천백억화신석가모니불 나모 당래하생미륵존불
南謨 千百億化身釋迦牟尼佛 南謨 當來下生彌勒尊佛

나모 동방만월세계약사유리광불
南謨 東方滿月世界藥師琉璃光佛

〈동락열게 動樂例偈〉

혁혁뇌음진 군롱진활개 부기영산회 구담무거래
赫赫雷音振 羣聾盡豁開 不起靈山會 瞿曇無去來

(증명법사는 붓을 잡고서 점안한다.)

나모 신주성(조성, 신화성, 중수 등) ○○불(보살) 등
南謨 新鑄成(造成, 新畫成, 重修 等) ○○佛(菩薩) 等

육안성취상 육안청정상 육안원만상
肉眼成就相 肉眼清淨相 肉眼圓滿相

나모 신주성(조성, 신화성, 중수 등) ○○불(보살) 등
南謨 新鑄成(造成, 新畫成, 重修 等) ○○佛(菩薩) 等

천안성취상 천안청정상 천안원만상
天眼成就相 天眼淸淨相 天眼圓滿相

나모 신주성(조성, 신화성, 중수 등) ○○불(보살) 등
南謨 新鑄成(造成, 新畵成, 重修 等) ○○佛(菩薩) 等

혜안성취상 혜안청정상 혜안원만상
慧眼成就相 慧眼淸淨相 慧眼圓滿相

나모 신주성(조성, 신화성, 중수 등) ○○불(보살) 등
南謨 新鑄成(造成, 新畵成, 重修 等) ○○佛(菩薩) 等

법안성취상 법안청정상 법안원만상
法眼成就相 法眼淸淨相 法眼圓滿相

나모 신주성(조성, 신화성, 중수 등) ○○불(보살) 등
南謨 新鑄成(造成, 新畵成, 重修 等) ○○佛(菩薩) 等

불안성취상 불안청정상 불안원만상
佛眼成就相 佛眼淸淨相 佛眼圓滿相

나모 신주성(조성, 신화성, 중수 등) ○○불(보살) 등
南謨 新鑄成(造成, 新畵成, 重修 等) ○○佛(菩薩) 等

십안성취상 십안청정상 십안원만상
十眼成就相 十眼淸淨相 十眼圓滿相

나모 신주성(조성, 신화성, 중수 등) ○○불(보살) 등
南謨 新鑄成(造成, 新畵成, 重修 等) ○○佛(菩薩) 等

천안성취상 천안청정상 천안원만상
千眼成就相 千眼淸淨相 千眼圓滿相

나모 신주성(조성, 신화성, 중수 등) ○○불(보살) 등
南謨 新鑄成(造成, 新畫成, 重修 等) ○○佛(菩薩) 等

무진안성취상 무진안청정상 무진안원만상
無盡眼成就相 無盡眼淸淨相 無盡眼圓滿相

〈개안광명진언 開眼光明眞言〉

나모 사만타 부다남 가가나 바라 라크사 라카루네 마야 타타

가타 카크수 스바하[132](3번)

〈관불게 灌佛偈〉

아금관욕제성중 정지공덕장엄취 오탁중생영리구
我今灌浴諸聖衆 正智功德莊嚴聚 五濁衆生令離垢

당증여래정법신
當證如來淨法身

옴 사르바 타타가타 비심 카 삼마야 즈리예 훔[133](3번)

〈착의진언 著衣眞言〉

옴 바즈라 바사세 스바하[134](3번)

〈안지갑진언 安指甲眞言〉[135]

옴 사르바 주나 카치 나마 라자 스바하(3번)

〈안장엄진언 安莊嚴眞言〉

옴 바즈라 바라 다비 부시니 스바하(3번)

〈헌좌진언 獻座眞言〉

옴 카크라 바르티 마하 파다 트마남 프라 티차 스바하(3번)

〈화공양진언 華供養眞言〉

나모 사만타 부다남 마하 마이트르야 부드가테 스바하(3번)

〈소향진언 燒香眞言〉

나모 사만타 부다남 다르마 다트 바누가테 스바하

〈등명진언 燈明眞言〉

나모 사만타 부다남 타타가타르키 스파라나 바바사나 가가
나 우다르야 스바하(3번)

〈알가진언 關伽眞言〉

나모 사만타 부다남 가가나 사마 사마 스바하(3번)

〈헌식진언 獻食眞言〉

나모 사만타 부다남 아라라 카라라 바림 다다비 바림 다데
마하 바리 스바하[136](3번)

〈개안광진언 開眼光眞言〉

옴 주쿠 주쿠 사만타 주쿠 비주다네 스바하(3번)

〈불입정진언 佛入定眞言〉

옴 데바 나마 사마디 티나 프리다네 스바하(3번)

〈관정진언 灌頂眞言〉

옴 사르바 타타가타 비시카 즈리예 훔[137](3번)

〈식재증익진언 息災增益眞言〉

옴 바즈라 부스타예 스바하(3번)

◉ 이후 마지 권공 麼指 勸供(하략下略)

210

2. 신중작법 神衆作法

〈결계진언 結界眞言〉

옴 루크사 파투 스바하[138](3번)

〈팔부소청 八部召請〉

아등천중천 자민어일체 천룡아수라 팔부제신중 앙지여부
我等天中天 慈愍於一切 天龍阿修羅 八部諸神衆 仰之如父

모 심무잠사리 일단이창언 이입어열반 아등대신중 심간
母 心無暫捨離 一旦而唱言 而入於涅槃 我等大神衆 心肝

촌촌단 유원대자비 민제중생고 도탈아대중 안가입열반
寸寸斷 唯願大慈悲 愍諸衆生故 度脫我大衆 安可入涅槃[139]

〈팔부진언 八部眞言〉

나모 부다야 나모 다르마야 나모 숨가야 나모 부리 야크사
나모 테부리 야크사 나모 카람 야크사 하하 하하 하하 하
헤헤 헤헤 헤헤 헤 두두 두두 두두 두 푸푸 푸푸 푸 누누
누누 누누 누크 사크 사크 사크 사크 사크 사크 사 로로
로로 로로 로 바바 바바 바바 바 아타바쿠야 훔 훔 파투
스바하[140](3번)

〈소청삼계제천 召請三界諸天〉

불면유여정만월 역여천일방광명 제천급인아수라 여시세
佛面猶如淨滿月 亦如千日放光明 諸天及人阿修羅 如是世

간무여등 불가사의최승지 약차나찰실조복 명위해탈지명
間無與等 不可思議最勝智 藥叉羅刹悉調伏 名爲解脫持明

왕 수호대천제국토 무량무변공덕해 유출청정총지문 이락
王 守護大千諸國土 無量無邊功德海 流出淸淨總持門 利樂

일체제중생 영득최상승실지[141]
一切諸衆生 令得最上勝悉地

나모 바이즈라 마마스야 마다스 드라스야 시타 바바 투 파타
스바하[142](3번)

〈개단게 開壇偈〉

기단사방여사문 급사누각중장엄 사선평량등무차 증백주
其壇四方與四門 及四樓閣衆莊嚴 四線抨量等無差 繒帛珠

만묘엄식 기단소유사우분 급제문호상합처 이금강보식기
鬘妙嚴飾 其壇所有四隅分 及諸門戶相合處 以金剛寶飾其

간 여차분포외단계 지자어중선분별 금강보등묘장엄 사방
間 如次分布外壇界 智者於中善分別 金剛寶等妙莊嚴 四方

사문팔주간 전식누각이수묘 금강승주응안립 오만다라위
四門八柱間 鈿飾樓閣而殊妙 金剛勝柱應安立 五曼拏羅爲

엄식 만다라중의법평 오색수평영원만
嚴飾 曼拏羅中依法抨 五色隨抨令圓滿

옴 바즈라 키트라 삼마야 쿠[143](3번)

〈보소청진언 普召請眞言〉

나모 사마 부다남 아 트라 프라티 가테 타타가타 쿠자 차티
즈리야 파리 프라카 스바하(3번)

〈유치 由致〉

절이 천부공계 산하지기 옹호성중자 위영막측 신변난사
切以 天部空界 山河地祇 擁護聖衆者 威靈莫測 神變難思

위도중생 이혹시자용 위호불법 이혹현엄상 시권야 불유
爲度衆生 而或示慈容 爲護佛法 而或現嚴相 施權也 不留

적화 창실야 즉명본원 혜감분명 묘용자재 상선벌악지무
跡化 彰實也 即冥本元 慧鑑分明 妙用自在 賞善罰惡之無

사 소재강복위유직 범제소원 막불향종
私 消災降福爲有直 凡諸所願 莫不響從

시이 사바세계 남섬부주 해동 대한민국 (주소) ○○사
是以 娑婆世界 南贍部洲 海東 大韓民國 (住所) ○○寺

설단법연 공진 정찬
設壇法筵 恭陳 淨饌

앙헌옹호지성중 부찰간도지범정 기회영감지소소
仰獻擁護之聖衆 俯察懇禱之凡情 冀廻靈鑑之昭昭

편편곡조미성지
片片曲照微誠之

〈봉청게 奉請偈〉

나모 일심봉청 청제재금강 능제일체중생 숙재앙구 실령소멸
南模 一心奉請 靑除災金剛 能除一切衆生 宿災殃咎 悉令消滅

벽독금강 능제일체중생 열독병고 황수구금강 능령일체중생
僻毒金剛 能除一切衆生 熱毒病苦 黃隨求金剛 能令一切衆生

소구여원 소원개득 백정수금강 능제일체중생 열뇌고실득
所求如願 所願皆得 白淨水金剛 能除一切衆生 熱惱苦悉得

소제 적성금강 능조일체중생 광명소득견불 정재제금강 능제
消除 赤聲金剛 能照一切衆生 光明所得見佛 定災除金剛 能除

일체중생 삼재팔난지고 자현금강 능령일체중생 심개오해
一切衆生 三災八難之苦 紫賢金剛 能令一切衆生 心開悟解

발보리심 대신금강 능령일체중생 지아성취 혜력증구[144]
發菩提心 大神金剛 能令一切衆生 智牙成就 惠力增具

〈명왕강림게 明王降臨偈〉

대자금강광명 도만달가대명왕 대비금강광명 발라니야달
大慈金剛光明 熘曼怛迦大明王 大悲金剛光明 鉢羅抳也怛

가대명왕 대희금강광명 발납마달가대명왕 대사금강광명
迦大明王 大喜金剛光明 鉢納摩怛迦大明王 大捨金剛光明

미흘낭달가대명왕 방금강광명 타타지라야대명왕 금강광
尾仡曩怛迦大明王 方金剛光明 吒吒枳羅惹大明王 金剛光

명 방라능나대명왕 금강광명 마가마라대명왕 금강광명
明 方羅能拏大明王 金剛光明 摩訶摩羅大明王 金剛光明

아좌라낭타대명왕 금강광명 부일라파다라대명왕 금강광
阿左攞曩他大明王 金剛光明 嚩日囉播多羅大明王 金剛光

명 오슬니쇄작흘나부리제대명왕 병종권속 유원 승삼보력
明 塢瑟抳灑作仡羅嚩哩帝大明王 幷從眷屬 唯願 承三寶力

강림도량[145]
降臨道場

일체공포난 실개득해탈 중죄급고뇌 해탈이안은 명력급
一切恐怖難 悉皆得解脫 衆罪及苦惱 解脫而安隱 明力及

혜력 이위대위덕 범소작사업 능속득성취[146]
慧力 而爲大威德 凡所作事業 能速得成就

나모 일심봉청 권형응적 실보수인 개내비보살지자비 실외
南謨 一心奉請 權形應跡 實報酬因 皆內秘菩薩之慈悲 悉外

현천 신지위맹 호탑호법 호계호인 사바계주 대범천왕
現天 神之威猛 護塔護法 護戒護人 娑婆界主 大梵天王

현거세주 제석천왕 북방호세 비사문천왕 동방호세 제두뢰
現居世主 帝釋天王 北方護世 毘沙門天王 東方護世 提頭賴

지타천왕 남방호세 비로륵차천왕 서방호세 비로박차천왕
地吒天王 南方護世 毘盧勒叉天王 西方護世 毘盧博叉天王

백명이생 일궁천자 성주숙왕 월궁천자 친복마원 금강밀
百明利生 日宮天子 星主宿王 月宮天子 親伏魔寃 金剛密

적 색계정거 마혜수라천왕 총령귀신 산지대장 능여총지
跡 色界頂居 摩醯首羅天王 總領鬼神 散脂大將 能與總持

대변재천왕 수기소구 대공덕천왕 삼주호법 위태천신 발
大辯才天王 隨其所求 大功德天王 三洲護法 韋馱天神 發

명공덕 견뇌지신 각장수음 보리수신 생제귀왕 귀자모신
明功德 堅牢地神 覺場垂陰 菩提樹神 生諸鬼王 鬼子母神

행일월전 마리지신 비장법보 사갈라용왕 장유음권 염마
行日月前 摩利支神 秘藏法寶 沙竭羅龍王 掌幽陰權 閻摩

라왕 출현승덕 아수라왕 묘음광목 가루라왕 최복아만 긴
羅王 出現勝德 阿修羅王 妙音廣目 迦樓羅王 摧伏我慢 緊

나라왕 보혜광명 마후라왕 병종권속 유원 승삼보력 강림
那羅王 普慧光明 摩睺羅王 幷從眷屬 唯願 承三寶力 降臨

도량 옹호법연
道場 擁護法筵

범왕제석제천중 불법문중서원견 열립초제천만세
梵王帝釋諸天衆 佛法門中誓願堅 列立招提千萬歲

자연신용호금선
自然神用護金仙

216

〈기성가지 祈聖加持〉

향수나열 재자건성 금이상공 삼보지자존 역가차헌 옹호
香羞羅列 齋者虔誠 今已上供 三寶之慈尊 亦可次獻 擁護

지신중 자자중신격체 재설명향 욕성공양지주원 수장가지
之神衆 茲者重伸激切 再爇名香 欲成供養之周圓 須仗加持

지변화 앙유삼보 특사가지
之變化 仰唯三寶 特賜加持

〈헌좌안위 獻座安位〉

재백 옹호성현등중 기정삼업 이례시방 소요자재이무구
再白 擁護聖賢等衆 旣淨三業 已禮十方 逍遙自在以無拘

적정안한이유락 자자향등호열 화과교진 기부연회이기영
寂靜安閒而有樂 茲者香燈互列 華果交陳 旣敷筵會以祇迎

의정용의이취좌
宜整容儀而就座

옴 훔 훔 미파타 미파타[147](3번)

〈다게 茶偈〉

청정명다약 능제병혼침 유기옹호성 원수애납수 원수애납수
清淨茗茶藥 能除病昏沉 唯冀擁護聖 願垂哀納受 願垂哀納受

원수자비애납수
願垂慈悲哀納受

〈공양게 供養偈〉

단중지리력 방어대광명 여홍파리색 변조시방찰 우사
壇中地哩力 放於大光明 如紅頗梨色 遍照十方利 遇斯

광명자 업장진소제 이아공덕력 여래가지력 급이법계력
光明者 業障盡消除 以我功德力 如來加持力 及以法界力

보공양이주[148]
普供養而住

상래가지이흘 변화무궁 이차향수 특신배헌 유원신중
上來加持已訖 變化無窮 以此香羞 特伸拜獻 唯願神衆

애감단성 수차공양
哀鑑丹誠 受此供養

〈가지공양 加持供養〉

이차가지 묘공구공양 예적명왕중 이차가지 묘공구공양
以此加持 妙供具供養 穢跡明王衆 以此加持 妙供具供養

범석제천중 이차가지 묘공구공양 호법선신중 이차가지
梵釋諸天衆 以此加持 妙供具供養 護法善神衆 以此加持

묘공구공양 팔부신중등 실개수공발보리 시작불사도중생
妙供具供養 八部神衆等 悉皆受供發菩提 施作佛事度衆生

218

〈보공양진언 普供養眞言〉

나모 사만타 부다남 옴 사르바 타캄 우드가테 스파라 히맘
가가나 캄 스바하[149](3번)

〈보회향진언 普廻向眞言〉

옴 사르바 사트바 흐리나야 가르비 스바하[150](3번)

〈소재진언 消災眞言〉

옴 다냐타 지림 지림 마하 지림 투나 투나 마하 투나 즈바레
즈바레 마하 즈바레 사레 사레 마하 사례 스바하[151](3번)

〈원성취진언 願成就眞言〉

나모 사만타 부다남 옴 마차투 스바하[152](3번)

〈보궐진언 補闕眞言〉

옴 호로 호로 자야 푸케이 스바하[153](3번)

나모 시방호세 옹호성현 호법금강 팔부신중 팔부신중
南謨 十方護世 擁護聖賢 護法金剛 八部神衆 八部神衆

…… 팔부신중 팔부신중 팔부신중
…… 八部神衆 八部神衆 八部神衆

팔부신중호도량 공신속부보천왕 삼계제천함래집
八部神衆護道場 空神速赴報天王 三界諸天咸來集

여금불찰보정상
如今佛刹補禎祥

〈탄백 歎白〉

금강보검최위웅 일갈능최외도봉 변계건곤개실색
金剛寶劍最威雄 一喝能摧外道鋒 徧界乾坤皆失色

수미도탁반공중
須彌倒卓半空中

계수정례 팔대금강부 사대보살등 십대명왕등 원강대길상
稽首正禮 八大金剛部 四大菩薩等 十大明王等 願降大吉祥

계수정례 대범제석존 사왕양천자 제천성숙중 원강대길상
稽首正禮 大梵帝釋尊 四王兩天子 諸天星宿衆 願降大吉祥

계수정례 호계복덕신 주조주산중 호법선신등 원강대길상
稽首正禮 護戒福德神 主竈主山衆 護法善神等 願降大吉祥

원차가호력 돈단음노치 상봉불법승 근수계정혜
願借加護力 頓斷婬怒癡 常逢佛法僧 勤修戒定慧

성성갱불매 유원작법개성취
惺惺更不昧 唯願作法皆成就

220

V.

시식의

施食儀

1. 대령 對靈

〈청불 請佛〉

나모 아미타불 나모 관세음보살 나모 대세지보살(3번)
南謨　阿彌陀佛　南謨　觀世音菩薩　南謨　大勢至菩薩

나모 대성인로왕보살마하살
南謨　大聖引路王菩薩摩訶薩

〈대회소 大會疏〉

부차개문 생사로암 의불촉이가명 고해파심 장법선이가도
夫差盖聞　生死路暗　依佛燭而可明　苦海波深　仗法船而可渡

사생육도 실상미진 원륜순환 삼도팔난지정 여풍우지강토
四生六道　實相迷眞　圓輪巡環　三途八難之情　如風雨之降土

차생사 종고지금 미오심원 불단유전 비의불력 하능면야
次生死　從古至今　未悟心源　不斷流傳　非依佛力　何能免也

시이 사바세계 차사천하 남섬부주 해동 대한민국 (주소)
是以　娑婆世界　次四天下　南贍部洲　海東　大韓民國

○○사 수월도량 원아금차 지극지성 천도발원재자 (주소)
○○寺　水月道場　願我今次　至極至誠　薦度發願齋者

행효 ○○복위 소천망 ○○영가(3번) 열전향화 이보소청
行孝　○○伏爲　疏薦亡　○○靈駕　　列殿香華　以普召請

나모 일심봉청 대성인로왕보살 마하살 우복이 영가불매
南謨 一心奉請 大聖引路王菩薩 摩訶薩 又伏以 靈駕不昧

결계도량 영첨공덕 진원숙결 응념돈멸 청정보리 수념즉
結界道場 領霑功德 陳冤宿結 應念頓滅 淸淨菩提 隨念則

변증
便證

(불기 일시) 병법사문 법사(율사 등) ○○ 등 근소
(佛紀 日時) 秉法沙門 法師(律師 等) ○○ 等 謹疏

〈**파지옥진언** 破地獄眞言〉

나모 아스타 지타남 삼먁삼부타 쿠티남 옴 자라 나바 바세
디리 디리 훔[154](3번)

약인욕요지 삼세일체불 응관법계성 일체유심조(3번)
若人欲了知 三世一切佛 應觀法界性 一切唯心造

〈**멸악취다라니** 滅惡趣陀羅尼〉

나모 라트나 트라야야 나마 아르야바로키테 즈바라야 보디
사트바야 마하 사트바야 마하 카루니카야 사르바 반다나
체단마 카라야 사르바 바바 사무드람 수크사나 카라야 사르
바 비야디 프라자 마나 카라야 사베티튜 반드라바 비나 자나
카라야 사르바 바예스야 트라나 카라야 타스마이 나마 스크

르트바 이남 아르야바로키테 즈바라야 바시탐 니라캄타베
나마 흐르다야 마브라타 이챠미 사르바 타사 다캄 주밤 아지
얌 사르바 부다남 바바 마르가 비주다캄 타댜타 옴 아로케
아로카 마티로카 티크람테헤 하레 아르야바로키테 즈바라
마하 보디사트바헤 보디사트바헤 마하 보디사트바헤 비르야
보디사트바헤 마하 카루니카야 스미라 스미라 흐르다얌 히
히 하레 아르야 비로키테 즈바라 마헤 즈바라 파라 마트라
키타 마하 카루니카야 쿠루쿠루 카르맘 사다야 사다야 비디
암 니헤니헤 타바람 카맘 가마 비가마 시다유게 즈바라 두루
두루 비얀티 마하 비얀티 다라 다라 다라 인드레 즈바라
카라카라 비마라 마라 아르야 비로키테 즈바라 지나 크르스
니 자타 마쿠타 바람마 프라람마 비람마 마하 시다 비드야
다라 바라바라 마하 바라바라 바라 마하 바라 카라카라 마하
카라 크르스니 브르나 디르가 크르스니 파크사 디르가 타나
헤 파드마 하스티 카라카라 디자 카라 즈바라 크르스니 사라
파 크르타야 죠파비타 에히 에헤 마하 바라하 무카 트리푸라
다하네 즈바라 나라야나 바루파 바라 마그라 아리헤 니라캄
타헤 마하 카라 하라하라 비자 니르지타 로카스야 라가 비자
비나 자나 드비사 비사 비나 자나 무하 비사 비나 자나 후루후
루 마라 후루 하레 마하 파드마 나바 사라사라 시리시리
수루수루 무루무루 부디아 부디아 보다야 보다야 마이테
니라감타 에히 에헤 마마 스티타 심하 무카 하사 하사 뭄카

224

뭄카 마하 타타하삼 에히 에헤 팜 마하 시다유게 즈바라
사나 사나 바케 사다야 사다야 비디암 스미라 스미라 잠바
가브람탐 로키타 비로키탐 로케 즈바람 타다가탐 다다헤메
다르자나 카마스야 다르자남 프라크라다야 마나 스바하 시
다야 스바하 마하 시다야 스바하 시다요게 스바라야 스바하
니라캄타야 스바하 바라하 무카야 스바하 마하 다라 심하
무카야 스바하 시다 비디야 다라야 스바하 파드마 하스타야
스바하 크르스니 사르파 크르다야 죠파비타야 스바하 마하
라쿠타 다라야 스바하 카크라 유다야 스바하 잔카 자브다니
보다나야 스바하 마마 스칸다 비자 스티타 크르스니 지나야
스바하 뱌그라 카마 니바 사나야 스바하 로케 즈바라야 스바
하 사르바 시데 즈바라야 스바하

나모 바가바테 아르야바로키테 즈바라야 보디사트바야 마하
사트바야 마하 카루니카야 시디얀투메 반트라 파다야 스바
하(3번)

〈청혼 請魂〉

거 사바세계 남섬부주 해동 대한민국 (주소) ○○사
擧 娑婆世界 南贍部洲 海東 大韓民國　　　　○○寺

청정수월도량 원아금차 ○○재지신 설향단전 봉청재자
淸淨水月道場 願我今此 ○○齋之辰 設香壇前 奉請齋者

(주소) 행효 ○○복위 소천망 ○○○영가 영가위주 상서
行孝 ○○伏爲 所薦亡 ○○○靈駕 靈駕爲主 上逝

선망 광겁부모 다생사장 누대종친 제형숙백 자매질손
先亡 廣劫父母 多生師長 累代宗親 弟兄叔伯 姉妹姪孫

원근친족 등 각 열위열명영가 차도량내외 동상동하 유주
遠近親族 等 各 列位列名靈駕 此道場內外 洞上洞下 有主

무주 운집고혼 제불자 등 각 열위열명영가
無主 雲集孤魂 諸佛子 等 各 列位列名靈駕

〈고혼청 孤魂請〉

삼보수은 구천사사 범자유소 무혹불래 유지부지구수
三寶垂恩 九天肆赦 凡玆有召 無或不來 維地府之拘囚

이죄근지심고 차계타계지격이 정주변주지분수 철정
以罪根之深固 此界他界之隔異 正住邊住之分殊 鐵釘

정체 즉변체개창 석마마신 즉전신구쇄 열화통흉이혁적
釘體 則徧體皆瘡 石磨磨身 則全身俱碎 烈火洞胸而赫赤

양동관구이림리 이수고정이혼미 고문명막지령효 사요
烊銅灌口以淋漓 以受苦正爾昏迷 故聞命莫之領曉 斯緣

자업지위장 차비주자지불자 지약태악제사 성황열묘명
自業之爲障 且非主者之不慈 至若泰嶽諸司 城隍列廟冥

관차처 실번유도 혹구대지상간 급사정지미결 개능조체
觀此處 實蕃有徒 或仇對之相干 及事情之未決 皆能阻滯

226

막수진추 개유상실어불회 장필유고어단도 금즉경선게주
莫遂進趨 豈唯上失於佛懷 將必有孤於檀度 今則敬宣偈呪

대천위신 뇌관일격이개 죄배군분이출 무론귀천 망간원친
大闡威神 牢關一擊而開 罪輩羣奔而出 無論貴賤 罔間怨親

기제도어도량 비함첨어법공
冀齊到於道場 俾咸沾於法供

〈진령게 振鈴偈〉

이차진령신소청 명도귀계보문지 원승삼보력가지
以此振鈴伸召請 冥途鬼界普聞知 願承三寶力加持

금일금시내부회
今日今時來赴會

〈보소청진언 普召請眞言〉

옴 사만타 부 바니 아모가 카리 사나 훔[155](3번)

〈가영 歌詠〉

향연청(3번)
香烟請

유이군령무시겁 표령육도미지귀 행재금석이하연
維爾羣靈無始劫 飄零六道未知歸 幸哉今夕以何緣

경법계중몽보도 차제장친삼보중 선수건설일로향
罄法界中蒙普度　此際將親三寶衆　先須虔爇一鑪香

이자청공우진성 원사자비위납수
以茲淸供寓眞誠　願賜慈悲爲納受

〈지단게 指壇偈〉

법신변만백억계 보방금색조인천 응물현형담저월
法身遍滿百億界　普放金色照人天　應物現形潭底月

체원정좌보련대
體圓正坐寶蓮臺

나모 대성인로왕보살 나모 대성인로왕보살
南謨　大聖引路王菩薩　南謨　大聖引路王菩薩

나모 대성인로왕보살마하살
南謨　大聖引路王菩薩摩訶薩

보례시방상주 법신보신화신 제불타 보례시방상주 경장
普禮十方常住　法身報身化身　諸佛陀　普禮十方常住　經藏

율장논장 제달마 보례시방상주 보살연각성문 제승가
律藏論藏　諸達摩　普禮十方常住　菩薩緣覺聲聞　諸僧伽

228

2. 관욕 灌浴

〈인예향욕 引詣香浴〉

원아금차 ○○재지신 상래이빙 불력법력 삼보위신지력
願我今次 ○○齋之辰 上來已憑 佛力法力 三寶威神之力

소청인도 일체인륜 급무주고혼 유정등중 이계도량
召請人道 一切人倫 及無主孤魂 有情等衆 已屆道場

대중성발 청영부욕 반야심경일편 위고혼 지심제청
大衆聲鈸 請迎赴浴 般若心經一片 爲孤魂 志心諦聽

지심제수
志心諦受

〈마하반야바라밀다심경 摩訶般若波羅密多心經〉

아르야 아바로키데 즈바라야 보디사트바 감비람 프라자나
파라미타 카람 카라 마자 뱌바로카티 스마 반카 스칸다 아사
타스 카 스바바 주냠 파쟈티 스마 이하 사리푸트라 루팜
이바 주냐타 주냐타베 루팜 루파 나프리타크 주냐타 주냐타
나프리타그 루팜 야드 루팜 사주냐타 야드 주냐타 사루팜
에밤 에바 베다나 삼즈나 삼스카라 비즈나남 이하 사리푸트
라 사르바 다르마 주냐타 라크사나 아누트 판나 아니루다
아마라 아비미라 아누나 아파리푸르나 타스마트 사리푸트라

쥬냐타 마 나루팜 라베다나 나삼즈나 나삼스카라 나비즈나 남 나카크수 스토라 그라나 지바 카야 마나사 나루팜 사다 간다 라사 스파르스타뱌 다르마 나카쿠수르 다투 야반 나 마노미즈나남 다투 나아비댜 나아비댜 크사요 야반 나자라 마라남 나자라 마라남 크사요 나 두카 삼무다야 니로다 마르 가 나즈나남 나프라프티 나 아디 삼마야 타스만 나 나프라프 티트바 보디사트바남 프라즈나 파라미탐 아스리탸 비하라탸 키타 나 아바라나 나스티트바 나트라스토 비파랴사 아티크 란타 니스타 니르바남 트랴 드바 뱌바스티타 사르바 부다 프라즈나 파라미탐 아스리탸 아누타람 삼먁 삼보딤 아비 삼부다 타스마즈 즈나타밤 프라즈나 파라미타 마하 만트라 마하 비드야 만트라 아누타라 만트라 아사마 사마티 만트라 사르바 두카 프라사마나 사탐 아미탸트바 프라즈나 파라미 탐 우크토 만트라 타댜타

가테 가테 파라가테 파라삼가테 보디 스바하(3번)

〈정치로진언 淨治路眞言〉(위패 등을 관욕대로 옮긴다)

옴 수시티 카리 즈바리타 난타 모르타야 즈바라 즈바라 만타 만타 하나 하나 훔 바타[156](3번)

〈입실소 入室疏〉

벽실굉개 진시방이통달 온천만주 극사해이주류 자이영가
洫室宏開　盡十方而洞達　溫泉滿注　極四海以周流　咨爾靈駕

분연동입 담정수이일목 분계향이삼훈 진망업누지상관
紛然同入　湛定水而一沐　芬戒香以三熏　盡忘業累之相關

개존번혹 갱무색상지질견 유시진여 비도사어공담
豈存煩惑　更無色相之迭見　唯是眞如　匪徒事於空談

요당기어묘오
要當期於妙悟

〈가지조욕 加持澡浴〉

부 정삼업자 무월호징심 결만물자 막과어청수 시이 근엄
夫　淨三業者　無越乎澄心　潔萬物者　莫過於淸水　是以　謹嚴

욕실 특비향탕 희일탁어진로 획만겁지청정 하유목욕지게
浴室　特備香湯　希一濯於塵勞　獲萬劫之淸淨　下有沐浴之偈

대중수언후화유 아금이차향탕수 관욕고혼급유정
大衆隨言後和喩　我今以此香湯水　灌浴孤魂及有情

신심세척영청정 증입진공상락향
身心洗滌令淸淨　證入眞空常樂鄕

〈목욕진언 沐浴眞言〉

옴 아마르티 호[157](3번)

〈작양지진언 嚼楊枝眞言〉

옴 바즈라 하 스바하[158](3번)

〈수구진언 漱口眞言〉

옴 투투레 쿠루 쿠루 스바하[159](3번)

〈세수면진언 洗手面眞言〉

옴 삼만타 파리 주테 훔[160](3번)

〈가지화의 加持化衣〉

금차 ○○재지신 ○○영가 등 관욕기주 신심구청정 금이
今次 ○○齋之辰 ○○靈駕 等 灌浴旣周 身心俱淸淨 今以

여래무상 비밀지언 가지화의 원차일 의위다의 이다의위
如來無上 秘密之言 加持化衣 願此一 衣爲多衣 以多衣爲

무량의 영칭신형 불장불단 불소불관 수승지의 변성해탈
無盡衣 令稱身形 不長不短 不小不寬 秀勝之衣 變成解脫

지복 고불세존 근당선념
之服 故佛世尊 謹當宣念

〈착의진언 着衣眞言〉

옴 사만타 차타네 투루투루 훔[161](3번)

232

〈정의진언 整衣眞言〉

옴 사만타 사타라나 파드미 훔[162](3번)

〈출욕소 出浴疏〉

금차 ○○재지신 관욕이필 ○○영가 등 입실이오수인
今次 ○○齋之辰 灌浴已畢 ○○靈駕 等 入室而悟水因

기선명어묘촉 조신이거진예 재근숙어외의 요친승불력
旣宣明於妙觸 澡身而去塵穢 載謹肅於外儀 繇親承佛力

지가 비실반인형지 구동연일상 회피천차 장친근어존용
之加 俾悉反人形之 舊同然一相 會彼千差 將親近於尊容

필장엄어성복 선지이진언비밀 조지이묘관유미 발기정연
必莊嚴於盛服 宣之以眞言祕密 照之以妙觀幽微 發起淨緣

자성등시 천의자연피체 불대의구 법약보여훈심 하론염감
資成等施 天衣自然被體 不待意求 法藥普與熏心 何論念感

이아지온이인지원 고타수유익기지공 즉류이추 무사불가
以我志蘊利人之願 故他修有益己之功 卽類而推 無事不可

〈행보례 行步禮〉(위패 등을 들고서 상단을 향하여 선다)

금차 ○○재지신 ○○영가 등 가예단장 정례삼보자존
今次 ○○齋之辰 ○○靈駕 等 可詣壇場 頂禮三寶慈尊

청일승지묘법 청리향욕 당부정단 합장전심 서보전진
聽一乘之妙法 請離香浴 當赴淨壇 合掌專心 徐步前進

산화락(3번)
散花落

보례시방상주 법신보신화신 제불타 보례시방상주 경장
普禮十方常住 法身報身化身 諸佛陀 普禮十方常住 經藏

율장논장 제달마 보례시방상주 보살연각성문 제승가
律藏論藏 諸達摩 普禮十方常住 菩薩緣覺聲聞 諸僧伽

〈헌좌게 獻座偈〉

금차 ○○재지신 ○○영가 등 육도사생구법계 약유약현
今次 ○○齋之辰 ○○靈駕 等 六道四生俱法界 若幽若顯

수난량 수명이호본허칭 기상열형개환질 숙왕숙래동과극
數難量 殊名異號本虛稱 奇相劣形皆幻質 倐往倐來同過隙

방생방멸등부구 개종일념실원명 수사유신수망보 차일단
方生方滅等浮漚 皆從一念失元明 遂使有身隨妄報 此日檀

나흥보도 불천고회숙청재 앙빙자력위제지 섭취영가무불
那興普度 佛天高會肅淸齋 仰憑慈力爲提持 攝取靈駕無不

지 욕사귀의회정도 선수조욕정제진 외진기정내심융 시가
至 欲使歸依回正道 先須澡浴淨諸塵 外塵旣淨內心融 始可

전추승법공
前趨承法供

234

상래승불섭수 장법가지 기무수계이임연 원획소요이취자
上來承佛攝受 仗法加持 旣無囚繫以臨筵 願獲逍遙而就座

수위안좌지게
隨位安座之偈

아금의교설화연 종종진수열좌전 대소의위차제좌
我今依敎說華筵 種種珍垂列座前 大小依位次第座

전심제청설금언
專心諦聽設金言

옴 수나리 자예 스바하[163](3번)

⟨다게 茶偈⟩

유곡생령초 감위입도매 초인채기엽 미미입류배
幽谷生靈草 堪爲入道媒 樵人採其葉 美味入流坏

정허징허식 명심조회대 불로인기력 직용법문개[164]
靜虛澄虛識 明心照會臺 不勞人氣力 直聳法門開

금차 ○○재지신 ○○영가 등 향설오분지진향 훈발자성
今次 ○○齋之辰 ○○靈駕 等 香爇五分之眞香 熏發自性

등연 반야지명등 조파혼구 다헌지청다 돈식갈정 식진향
燈燃 般若之明燈 照破昏衢 茶獻之淸茶 頓息渴情 食進香

적지 진수영제기허 종종법미 배열좌전 복유상향
積之 珍羞永除飢虛 種種法味 排列座前 伏惟尙饗

〈시식게 施食偈〉

원차가지식　보변만시방　식자제기갈　득생안양국
願此加持食　普徧滿十方　食者除飢渴　得生安養國

옴 사르바 타타가타 아바로키테 밤 바라 바라 사바라 사바라 훔[165] (3번)

〈보공양진언 普供養眞言〉

옴 가가나 사바바 바즈라 호[166] (3번)

수아차법식　하이아난찬　기장함포만　업화돈청량
受我此法食　何異阿難饌　飢腸咸飽滿　業火頓淸凉

돈사탐진치　상귀불법승
頓捨貪嗔癡　常歸佛法僧

이후 상단 헌공 上壇 獻供
(상단 헌공이 없는 때에는 곧바로 관음시식을 집전한다)

3. 관음시식 觀音施食

지심귀명례 진허공변법계 시방상주 삼세제불타
至心歸命禮 盡虛空徧法界 十方常住 三世諸佛陀

지심귀명례 진허공변법계 시방상주 삼세제달마
至心歸命禮 盡虛空徧法界 十方常住 三世諸達摩

지심귀명례 진허공변법계 시방상주 삼세제승가
至心歸命禮 盡虛空徧法界 十方常住 三世諸僧伽

법성담연주법계 심심무량절언전 자종일념실원명
法性湛然周法界 甚深無量絶言詮 自從一念失元明

팔만진로구작폐 차일수재흥보도 숙청의지근위의
八萬塵勞俱作蔽 此日修齋興普度 肅清意地謹威儀

앙빙밀어위가지 장비자타환본정
仰憑密語爲加持 將俾自他還本淨

〈정삼업진언 淨三業眞言〉

옴 스바 바바 사르바 다르마 스바바바 주두 함(3번)

〈안위가람신게 安慰伽藍神偈〉

십팔신왕승불칙 상어변계호가람 유자청정법왕궁
十八神王承佛勅 常於徧界護伽藍 維茲淸淨法王宮

필유명신래숙위 차일건흥평등공 법음교창중무화
必有明神來宿衛 此日虔興平等供 法音交唱衆無譁

앙빙밀어위가지 위열신심증승력
仰憑密語爲加持 慰悅神心增勝力

나모 사르바 부다남 옴 두루 두루 티미 스바하(3번)

〈연향게주 然香偈呪〉

차안전단비별물 원종청정자심생 약인능이일진소
此岸栴檀非別物 元從淸淨自心生 若人能以一塵燒

중기자연개구족 차일건흥평등공 욕령법계보훈문
衆氣自然皆具足 此日虔興平等供 欲令法界普熏聞

억빙밀어위가지 장사시심함변달
仰憑密語爲加持 將使施心咸徧達

옴 즈바르타 바네 아프라 구타 수파라니 비가지 훔(3번)

차일판향 부종천강 개속지생 양의미판지선 근원충색삼계
此一瓣香 不從天降 豈屬地生 兩儀未判之先 根源充塞三界

일기재분지후 지엽변만시방 초일월지광화 탈산천지수려
一氣縷分之後 枝葉徧滿十方 超日月之光華 奪山川之秀麗

즉계즉정즉혜 비목비화비연 수래재일미진 산거보훈법계
卽戒卽定卽慧 非木非火非煙 收來在一微塵 散去普熏法界

설향로중 전신공양
爇向爐中 專伸供養

상주삼보 찰해만령 역대조사 일체성중 하사품류
常住三寶 刹海萬靈 歷代祖師 一切聖衆 河沙品類

유현성범 실장진향 보동공양
幽顯聖凡 悉仗眞香 普同供養

불면유여정만월 역여천일방광명 원광보조어시방
佛面猶如淨滿月 亦如千日放光明 圓光普照於十方

희사자비개구족
喜捨慈悲皆具足

나모 진허공변법계 삼세제삼보 차수자팔공덕 수자천진
南謨 盡虛空徧法界 三世諸三寶 此水者八功德 水自天眞

선세중생업구진 변입비로화장계 개중하처불초륜
先洗衆生業垢塵 徧入毗盧華藏界 箇中何處不超淪

수불세수 묘극법신 진불염진 반작자기 견제기계
水不洗水 妙極法身 塵不染塵 返作自己 蠲除器界

탕척단장 쇄고목이작양춘 결예방이성정토 소위도내외
蕩滌壇場 灑枯木而作陽春 潔穢邦而成淨土 所謂道內外

중간무탁예 성범유현총청량 나모 감로왕보살마하살
中間無濁穢 聖凡幽顯總清涼 南謨 甘露王菩薩摩訶薩

〈정법계진언 淨法界眞言〉

옴 람 옴 람 옴 람 스바하(3번)

나모 진허공변법계 극락도사 구품도사 아미타불
南謨 盡虛空徧法界 極樂導師 九品導師 阿彌陀佛

나모 진허공변법계 대자대비 관세음보살
南謨 盡虛空徧法界 大慈大悲 觀世音菩薩

나모 진허공변법계 자비희사 대세지보살
南謨 盡虛空徧法界 慈悲喜捨 大勢至菩薩

나모 진허공변법계 극락회상제보살마하살
南謨 盡虛空徧法界 極樂會上諸菩薩摩訶薩

거 사바세계 남섬부주 해동 대한민국 (주소) ○○사
據 娑婆世界 南贍部洲 東洋 大韓民國   ○○寺

청정수월도량 원아금차 지극지성 ○○재지신 설향단전
淸淨水月道場 願我今此 至極至誠 ○○齋之辰 說香壇前

봉청재자 (주소) 행효 ○○ 등 복위 소천망 ○○영가
奉請齋者   行孝 ○○ 等 伏爲 所薦亡 ○○靈駕

영가위주 상서선망 광겁부모 다생사장 누세종친
靈駕爲主 上逝先亡 廣劫父母 多生師長 累世宗親

제형숙백 자매질손 원근친척 일체권속 등 각 열위열명
弟兄叔伯 姉妹姪孫 遠近親戚 一切眷屬 等 各 列位列名

영가 차사 최초 창건이래 중건중수 화주시주 사사시주
靈駕 此寺 最初 創建以來 重建重修 化主施主 四事施主

대소결연 등 각 열위열명 영가 차 도량내외 동상동하
大小結緣 等 各 列位列名 靈駕 此 道場內外 同上同下

유주무주 일체애혼 제불자 등 각 열위열명 영가
有主無主 一切哀魂 諸佛子 等 各 列位列名 靈駕

생본무생 멸본무멸 생멸본허
生本無生 滅本無滅 生滅本虛

실상상주 금일 천도발원 ○○ 영가
實相常住 今日 薦度發願 ○○ 靈駕

환회득 무생멸저 일구마(양구) 유자일처 구유삼존천 인상
還會得 無生滅底 一句麼(良久) 惟茲一處 具有三尊天 人常

기호지 당우고응광결 금즉장개승회 영리타시 자비결계
起護持 堂宇固應光潔 今則將開勝會 永異他時 自非結界

이가위 하사수재지여식 각준지고 전책기훈 묘향훈복어
以加威 何使修齋之如式 恪遵至誥 全策奇勳 妙香熏馥於

공중 정수쇄청어지상 범왈방우지소 실동성루지견 수밀
空中 淨水洒淸於地上 凡曰方隅之所 悉同城壘之堅 雖密

자어진언
藉於眞言

실명자어원관 장견경림풍동 옥전운피 현보개어층소
實冥資於圓觀 將見瓊林風動 玉殿雲披 懸寶蓋於層霄

용화대어광좌 천당번이교옹 중기락이방라 유자정상지
聳華臺於廣座 千幢旛而交擁 衆伎樂以旁羅 惟玆淨想之

소성 시즉영산지미산 기창차용 갱소제신 기숙정어단장
所成 是卽靈山之未散 旣彰此用 更召諸神 冀肅靜於壇場

비구제어마장 적광위토 고불외어범거 성현지인 혹유수어
俾驅除於魔障 寂光爲土 固不外於凡居 聖賢之人 或有殊於

족성 위관기신 즉근진기예 급언기처 즉토석생애 유심중
族姓 謂觀其身 則根塵起穢 及言其處 則土石生埃 由心中

지인행무량 고세간지 과보약시 금즉장개승회 영이타시
之因行無良 故世間之 果報若是 今則將開勝會 永異他時

자비결계이가위 하사수재지여식 각준지고 전책기훈
自非結界以加威 何使修齋之如式 恪遵至誥 全策奇勳

묘향훈복어공중 정수쇄청어지상 범왈방우지소 실동성첩
妙香熏馥於空中 淨水洒淸於地上 凡曰方隅之所 悉同城壘

지견 수밀자어진언 실명자어묘관 장견경림풍동 옥전운피
之堅 雖密藉於眞言 實冥資於妙觀 將見瓊林風動 玉殿雲披

현보개어층소 용화대어광좌 천당번이교옹 중기락이방라
懸寶蓋於層霄 聳華臺於廣座 千幢旛而交擁 衆伎樂以旁羅

유자정상지소성 시즉영산지미산 기창차용 갱소제신 기숙
惟玆淨想之所成 是卽靈山之未散 旣彰此用 更召諸神 冀肅

정어단장 비구제어마장 법성담연주법계 심심무량절언전
靜於壇場 俾驅除於魔障 法性湛然周法界 甚深無量絶言詮

242

자종일념실원명 팔만진로구작폐 차일수재흥보도
自從一念失元明 八萬塵勞俱作蔽 此日修齋興普度

숙청의지근위의 억빙밀어위가지 장비자타환본정
肅淸意地謹威儀 仰憑密語爲加持 將俾自他還本淨

〈가지령진언 加持鈴眞言〉

아금진령저 성변시방처 보청영가 실개래부회 원멸대우치
我今振鈴杵 聲徧十方處 普請靈駕 悉皆來赴會 願滅大愚癡

옴 하라 하라 훔(3번)

공문성관자재 어과거시 시주초지 치천광왕여래 위설광대
恭聞聖觀自在 於過去時 始住初地 値千光王如來 爲說廣大

원만무애대비심대다라니 영여중생작대이익 시시대사일문
圓滿無礙大悲心大陀羅尼 令與衆生作大利益 是時大士一聞

차주 돈초팔지 지금석가여래 여제보살 보회보타낙가산지
此呪 頓超八地 至今釋迦如來 與諸菩薩 普會補怛落迦山之

시 유아대사 궁대여래 이대비심 설차장구 유통세간 무불
時 惟我大士 躬對如來 以大悲心 說此章句 流通世間 無不

몽익 당지차주 유여묘약 명아가타 일체제병 무소불치
蒙益 當知此呪 猶如妙藥 名阿伽陀 一切諸病 無所不治

시고송차주자 삼악도업무소불괴 제불국토무부득생 공덕
是故誦此呪者 三惡道業無所不壞 諸佛國土無不得生 功德

외외 막가칭탄 아등자일수시주청 개건도량 수평등공
巍巍 莫可稱歎 我等茲日受施主請 開建道場 修平等供

선어차지 보소제신 행결계법 용위엄정 시이부어차시
先於此地 普召諸神 行結界法 用爲嚴淨 是以復於此時

공청보살 이진언력 중가법수 증익승용 광대난사 장사
恭請菩薩 以眞言力 重加法水 增益勝用 廣大難思 將使

영가 거몽해탈 천수다라니 일편 위고혼지송 지심제청
靈駕 擧蒙解脫 千手陀羅尼 一片 爲孤魂持誦 志心諦聽

지심제수
志心諦受

나모 라트나 트라야야 나마 아르야바로키테 즈바라야 보디
사트바야 마하 사트바야 마하 카루니카야 사르바 반다나
체단마 카라야 사르바 바바 사무드람 수크사나 카라야 사르
바 비야디 프라자 마나 카라야 사베티튜 반드라바 비나 자나
카라야 사르바 바예스야 트라나 카라야 타스마이 나마 스크
르트바 이남 아르야바로키테 즈바라야 바시탐 니라캄타베
나마 흐르다야 마브라타 이챠미 사르바 타사 다캄 주밤 아지
얌 사르바 부다남 바바 마르가 비주다캄 타다타 옴 아로케
아로카 마티로카 티크람테헤 하레 아르야바로키테 즈바라
마하 보디사트바헤 보디사트바헤 마하 보디사트바헤 비르야
보디사트바헤 마하 카루니카야 스미라 스미라 흐르다얌 히

히 하레 아르야 비로키테 즈바라 마헤 즈바라 파라 마트라
키타 마하 카루니카야 쿠루쿠루 카르맘 사다야 사다야 비디
암 니헤니헤 타바람 카맘 가마 비가마 시다유게 즈바라 두루
두루 비얀티 마하 비얀티 다라 다라 다라 인드레 즈바라
카라카라 비마라 마라 아르야 비로키테 즈바라 지나 크르스
니 자타 마쿠타 바람마 프라람마 비람마 마하 시다 비드야
다라 바라바라 마하 바라바라 바라 마하 바라 카라카라 마하
카라 크르스니 브르나 디르가 크르스니 파크사 디르가 타나
헤 파드마 하스티 카라카라 디자 카라 즈바라 크르스니 사라
파 크르타야 죠파비타 에히 에헤 마하 바라하 무카 트리푸라
다하네 즈바라 나라야나 바루파 바라 마그라 아리헤 니라캄
타헤 마하 카라 하라하라 비자 니르지타 로카스야 라가 비자
비나 자나 드비사 비사 비나 자나 무하 비사 비나 자나 후루후
루 마라 후루 하레 마하 파드마 나바 사라사라 시리시리
수루수루 무루무루 부디아 부디아 보다야 보다야 마이테
니라감타 에히 에헤 마마 스티타 심하 무카 하사 하사 뭄카
뭄카 마하 타타하삼 에히 에헤 팜 마하 시다유게 즈바라
사나 사나 바케 사다야 사다야 비디암 스미라 스미라 잠바
가브람탐 로키타 비로키탐 로케 즈바람 타다가탐 다다헤메
다르자나 카마스야 다르자남 프라크라다야 마나 스바하 시
다야 스바하 마하 시다야 스바하 시다요게 스바라야 스바하
니라감타야 스바하 바라하 무카야 스바하 마하 다라 심하

무카야 스바하 시다 비디야 다라야 스바하 파드마 하스타야
스바하 크르스니 사르파 크르다야 죠파비타야 스바하 마하
라쿠타 다라야 스바하 카크라 유다야 스바하 잔카 자브다니
보다나야 스바하 마마 스칸다 비자 스티타 크르스니 지나야
스바하 뱌그라 카마 니바 사나야 스바하 로케 즈바라야 스바
하 사르바 시데 즈바라야 스바하

나모 바가바테 아르야바로키테 즈바라야 보디사트바야 마하
사트바야 마하 카루니카야 시디얀투메 반트라 파다야 스바
하(3번)

〈파지옥진언 破地獄眞言〉

나모 아스타 지티남 삼먁삼부타 구티남 옴 자라 바나 디리디리
훔[167](3번)

〈해원결진언 解冤結眞言〉

옴 하나 바즈라 마라야 아무캄 훔 파타[168](3번)

〈보소청진언 普召請眞言〉

나모 부 파리 카리 타리 타타가타야[169](3번)

나모 대방광불화엄경(3번)
南謨 大方廣佛華嚴經

절이법불고기 장경방생 도불허행 우연즉응 금즉나열화단
切以法不孤起 仗境方生 道不虛行 遇緣卽應 今則羅列華壇

천양불사 향분보전 등오색지운하 축탄금연 찬일천지성두
闡揚佛事 香焚寶篆 騰五色之雲霞 燭綻金蓮 燦一天之星斗

법락주무생지곡 범음연최상지종 귀의오안육통 영청천현
法樂奏無生之曲 梵音演最上之宗 歸依五眼六通 迎請千賢

만성 유시각왕주세 이법이생 불유인연 무유수범 시이
萬聖 由是覺王住世 以法利生 不有因緣 無由垂範 是以

아난존자 임간습정 야견귀왕 구토화염 정발연생 신형추악
阿難尊者 林間習定 夜見鬼王 口吐火燄 頂髮煙生 身形醜惡

지절여파거지성 기화교연 연후사침봉지세 견사괴이
肢節如破車之聲 饑火交然 咽喉似針鋒之細 見斯怪異

문시하명 답왈면연 여삼일지중 당타아류 아난경포 귀투
問是何名 答曰面然 汝三日之中 當墮我類 阿難驚怖 歸投

대각자존 서설전인 계청구고지법 불수방편 이제홍심
大覺慈尊 敍說前因 啓請救苦之法 佛垂方便 利濟洪深

사연년이익산 송위덕지진전 영아귀이충자 시감로지법식
使延年而益算 誦威德之眞詮 令餓鬼以充資 施甘露之法食

가지필전어신주 엄위수가어단의 수연계청일시 법전천고
加持必專於神呪 嚴衛須假於壇儀 雖然啓請一時 法傳千古

금산수건 부촉자명 마가곡식 시주법계 약무영험 금고언
金山修建 不燭自明 摩伽斛食 施周法界 若無靈驗 今古焉

전유시공훈 방감연설 범음연처 상궁유정지천 당운선시
傳有是功勳 方堪演說 梵音演處 上窮有頂之天 唐韻宣時

하극풍륜지제 욕명성리 고백사문 불사완성 동귀진제
下極風輪之際 欲明聖理 故白斯文 佛事完成 同歸眞際

게운
偈云

최승광명자재왕 여래선연묘난량 석인경희생황포
最勝光明自在王 如來宣演妙難量 昔因慶喜生惶怖

염구뇌음보화앙 계수은근백교주 흥자제물이생방
燄口雷音報禍殃 稽首殷勤白敎主 興慈濟物利生方

여금계고중염출 범성동유해탈장
如今稽古重拈出 凡聖同遊解脫場

〈봉청게 奉請偈〉

나모 일심봉청 시방일체 반야보살 무량성현 이대자비
南謨 一心奉請 十方一切 般若菩薩 無量聖賢 以大慈悲

승불신력 원사위광 비증호념 승여래력 득수여래 상묘
乘佛神力 願賜威光 悲增護念 乘如來力 得受如來 上妙

법미 청정감로 음식충족 자윤신진 복덕지혜 발보리심
法味 淸淨甘露 飮食充足 滋潤身田 福德智慧 發菩提心

영리사행 귀경삼보 행대자심 이익유정 불수윤회 제악
永離邪行 歸敬三寶 行大慈心 利益有情 不受輪迴 諸惡

고과 상생선가 이제포외 신상청정 나모 대성인로왕보살
苦果 常生善家 離諸怖畏 身常清淨 南謨 大聖引路王菩薩

마하살 유원자비 어차시중 강림도량 증명공덕
摩訶薩 惟願慈悲 於此時中 降臨道場 證明功德

〈가영 歌詠〉

향화청(3번)
香花請

나열향화건보단 중중불경일호단 심융묘리허공소
羅列香花建寶壇 重重佛境一毫端 心融妙理虛空小

도계진여법계관 상호자비추월만 화신등처모운번
道契眞如法界寬 相好慈悲秋月滿 化身騰處暮雲繁

향연퇴리첨응현 만상삼라해인함
香煙堆裏瞻應現 萬象森羅海印含

〈헌좌진언 獻座眞言〉

개자납수미지산 호단현보왕지찰 시위불사의지사
芥子納須彌之山 毫端現寶王之刹 是爲不思議之事

의위종용이헌좌
依位從容而獻坐

옴 카크라 바르티 마하 파다트 마남 프라티차 스바하[170](3번)

〈운심공양게 運心供養偈〉

아이지성심 봉헌감로식 유원삼보존 견마애납수
我以志誠心 奉獻甘露食 惟願三寶尊 遣魔哀納受

나모 사만타 부다남 옴 사르바 타캄 우드가테 스파라 히맘
가가나 캄 스바하[171](3번)

〈진령염봉식게 振鈴念奉食偈〉

아금봉헌감로식	양등수미무과상	색향미미변허공
我今奉獻甘露食	量等須彌無過上	色香美味徧虛空

상사삼보애납수	차공현밀호신등	후급법계제유정
上師三寶哀納受	次供顯密護神等	後及法界諸有情

수용포만생환열	병제마애시안녕	금신시주권속등
受用飽滿生歡悅	屛除魔礙施安寧	今辰施主眷屬等

소재집복수연장	소구여의실성취	일체시중원길상
消災集福壽延長	所求如意悉成就	一切時中願吉祥

옴 삼마야 스트밤[172]

〈유치 由致〉

복문각황민 염구지도 초령봉곡 양제감신승지몽 수계수재
伏聞覺皇憫 餤口之徒 初令奉斛 梁帝感神僧之夢 遂啓修齋

수변표천도지명 실등공성범지중 소위 어삼존즉가경 언군
雖偏標薦度之名 實等供聖凡之衆 所謂 於三尊則加敬 言羣

품즉흥비극상 천하지이무유 하피계차 강지유간 범거이취
品則興悲極上 天下地以無遺 何彼界此 疆之有間 凡居異趣

함시진수 고자탁사어다의 필사성공어보도 금즉앙준내교
咸示眞修 故玆託事於多儀 必使成功於普度 今則仰遵內敎

공안영과 개법회이제미류 고자전어주자 구제혼이발대호
恭按靈科 開法會以濟迷流 固自專於主者 扣帝閽而發大號

정유뢰어사호 원각의이봉영 기문호이즉지
正有賴於使乎 爰恪意以奉迎 冀聞呼而卽至

〈봉청게 奉請偈〉

나모 일심봉청 중생도진 방증보리 지옥미공 서불성불
南謨 一心奉請 衆生度盡 方證菩提 地獄未空 誓不成佛

대성지장보살 마하살 유원불위본서 연민유정 금일금시
大聖地藏菩薩 摩訶薩 惟願不違本誓 憐愍有情 今日今時

광림법회
光臨法會

일심소청 출진상사 비석고승 정수오계정인 범행사문중
一心召請 出塵上士 飛錫高僧 精修五戒淨人 梵行沙門衆

(백)황화취죽 공담비밀진전 백고려노 도연고공묘게(오호)
(白)黃花翠竹 空談祕密眞詮 白牯黧奴 徒演苦空妙偈(嗚呼)

경창냉침삼경월 선실허명반야등 여시치의 석자지류 일류
經窓冷浸三更月 禪室虛明半夜燈 如是緇衣 釋子之流 一類

각령 등중
覺靈 等衆

상래소청 실이왕림 대중자비 제성탄도 선망권속 등중
上來召請 悉已往臨 大衆慈悲 齊聲歎悼 先亡眷屬 等衆

나모 연지해회보살마하살(3번)
南謨 蓮池海會菩薩摩訶薩

〈진령염자성게 振鈴念自性偈〉

방편자성불괴체 금강불괴대용식 최승무비초출상
方便自性不壞體 金剛不壞大勇識 最勝無比超出相

금차소작개성취 승혜자성심심성 연설최상법륜음
今此所作皆成就 勝慧自性甚深性 演說最上法輪音

이무생현방편신 금차소작원득성
以無生現方便身 今此所作願得成

〈고혼청 孤魂請〉

나모 일심봉청 선망 ○○영가 유원불미본성 승불위광
南謨 一心奉請 先亡 ○○靈駕 惟願不迷本性 承佛威光

금일금시 내림법회 상래소청 제위 ○○영가 비장밀언
今日今時 來臨法會 上來召請 諸位 ○○靈駕 非仗密言

252

안능필집 아소청성중진언 근당선송
安能畢集 我召請聖衆眞言 謹當宣誦

나모 사만타 부다남 아 사르바 트라프라티 하테 타타가토
쿠자 보디 카라야 파리 푸라카 스바하[173]

원인비밀 내집도량 시주건성 지심작례 위선최락 당자중
願因祕密 來集道場 施主虔誠 至心作禮 爲善最樂 當自重

어미구 득년심고 서필전어정명 기유임심폭학 자성완우
於微軀 得年甚高 庶必全於定命 其有任心暴虐 資性頑愚

요험도지수행 수사화기지절발 색신수괴 세수미종 지부
繇險道之數行 遂使禍機之竊發 色身雖壞 世壽未終 地府

막수 천조불록 사위불득기사 필경장하소귀 거기도즉실번
莫收 天曹弗錄 斯爲不得其死 畢竟將何所歸 擧其徒則實蕃

역이세이차구 유혼무탁 상잡처어인환 동기상구 필섭속어
歷以歲而且久 遊魂無託 常雜處於人寰 同氣相求 必攝屬於

귀취 욕회정념 의회전인 용금소보제지공 작이배전생지계
鬼趣 欲回正念 宜悔前因 用今宵普濟之功 作爾輩轉生之計

범거횡요 극유다단 장실의어제지 청세논기정상 왕림법회
凡居橫夭 極有多端 將悉意於提持 請細論其情狀 往臨法會

수첨법공
受沾法供

〈일반대중 一般大衆〉(일반 대중의 고혼청을 가리킨다)

일심소청 시방법계 일체인륜 횡사고혼 병제권속 유원불
一心召請 十方法界 一切人倫 橫死孤魂 幷諸眷屬 惟願不

미본성 승불위광 금일금시 내림법회 호수서생 궁경불우
迷本性 承佛威光 今日今時 來臨法會 號首書生 窮經不遇

황관우객 상도무성 치방맥이명가 습시귀이위업 당전열사
黃冠羽客 尙道無成 治方脈以名家 習蓍龜而爲業 當廛列肆

중기정추 백공소대 이졸봉공지배 창우죽색지도 막불감주
衆技精麤 百工小大 吏卒奉公之輩 倡優鬻色之徒 莫不酗酒

부장 탐재상명 어언상촉이견구 박혁교쟁이치상 행약가해
腐腸 貪財喪命 語言相觸而見毆 博弈交爭而致傷 行藥加害

어인 지도자문기수 수기한이감질불기 염온역이 득증난명
於人 持刀自刎其首 受饑寒而感疾不起 染瘟疫而 得證難明

곽란혜미신 전간혜실지 원가회우이급취 옥귀창황이오수
霍亂兮迷神 癲癇兮失志 怨家會遇而急取 獄鬼蒼黃而誤收

자경어구독지중 피압호암장지하 여숙우정혜 염경기절
自經於溝瀆之中 被壓乎巖牆之下 旅宿郵亭兮 魘驚氣絶

주행해도혜 적겁두망 기거졸우어사침 음식홀조어고독
舟行海道兮 賊劫鬪亡 起居卒遇於蛇侵 飮食忽遭於蠱毒

천뢰지격 소이소기악 야화지분 기왈무기인 수덕자 상이
天雷之擊 所以昭其惡 野火之焚 豈曰無其因 修德者 尙爾

254

봉앙 작과자의기견벌 수오생지자취 역숙대지상심 용역
逢殃 作過者宜其見罰 雖吾生之自取 亦宿對之相尋 容易

차신 경릉일사 여사정상 심가비련 금즉월유신심 경수재
此身 輕陵一死 如斯情狀 深可悲憐 今則粵有信心 敬修齋

사 진행섭소 무사하유 의거중이해래 기문법이득도 왕림
事 盡行攝召 無使遐遺 宜擧衆以偕來 冀聞法而得度 往臨

법회 수첨법공
法會 受沾法供

〈군경 등 軍警 等〉(군인과 경찰 등의 고혼청을 가리킨다)

일심봉청 시방법계 제국군민 전진살상 횡사고혼 병제
一心奉請 十方法界 諸國軍民 戰陣殺傷 橫死孤魂 幷諸

권속 유원 불미본성 승불위광 금일금시 내림법회
眷屬 惟願 不迷本性 承佛威光 今日今時 來臨法會

장자사관 병위흉기 유국자상 비이불용 재하자 도롱즉
將者死官 兵爲凶器 有國者常 備而不用 在下者 盜弄則

가주 소이문무 상유 시왈위덕겸제 지어탐구토지
加誅 所以文武 相維 是曰威德兼濟 至於貪求土地

호립사공 여백기지갱강 사십만동제감정 약이릉지전전
好立事功 如白起之阬降 四十萬同擠坎窚 若李陵之轉戰

오천여진몰풍진 차서백지지하귀 양원정지막고 태금미이
五千餘盡沒風塵 嗟逝魄之之何歸 諒冤情之莫告 迨今未已

차류우다 홍유대조 통유천하 혹도마회절지간 혹인궁강
此類尤多　洪惟大朝　統有天下　或渡馬淮浙之間　或引弓江

해지곡 훼제공우 분탕민려 군읍다유공황 생영실리도독
海之曲　毀除公宇　焚蕩民廬　郡邑多有空荒　生靈悉罹荼毒

보영파산 종사복망 살인영성 유혈위소 동정몰닉
堡營破散　宗社覆亡　殺人盈城　流血爲沼　東征沒溺

북수류리 영핍위구 형고명운 산림피난 인석재이수령상분
北戍流離　令逼威驅　形枯命殞　山林避難　因惜財而首領相分

초망소군 인부기이간과상벌 흥공조함 아사객망 납료조군
草莽嘯羣　因負氣而干戈相伐　興工造艦　餓死客亡　納料助軍

추징포사 시낭경교 오작쟁훤 춘풍만초지청 근장고골
追徵怖死　犲狼競嚙　烏鵲爭喧　春風蔓草之靑　僅藏枯骨

야월한사지백 독조경혼 기막막이무귀 지암암이대곡
夜月寒沙之白　獨照驚魂　旣寞寞以無歸　只暗暗而對哭

수시업동지보 영무람급지원 지약대수지통 제변방 중교
雖是業同之報　寧無濫及之冤　至若大帥之統　制邊方　衆校

지각분부곡 차경차수 이용이모 재영위령 이거이조형
之各分部曲　且耕且守　以勇以謀　在營違令　而遽爾遭刑

출수실기 이종언피륙 여사당류 심가비상 금즉월유신심
出戍失期　而終焉被戮　如斯黨類　深可悲傷　今則粤有信心

경수재사 진행섭소 무사하유 의거중이해래 기문법이득도
敬修齋事　盡行攝召　無使遐遺　宜擧衆以偕來　冀聞法而得度

왕림법회 수첨법공
往臨法會 受沾法供

〈하유안좌지게 下有安座之偈〉

아금의교설화연 종종진수열좌전 대소의위차제좌
我今依敎說華筵 種種珍垂列座前 大小依位次第座

전심제청연금언
專心諦聽演金言

옴 아모가 바즈라 파드마 주다 마티사 주파야 훔[174](3번)

〈설법소 說法疏〉

삼보수은 구천사사 범자유소 무혹불래 유지부지구수
三寶垂恩 九天肆赦 凡玆有召 無或不來 維地府之拘囚

이죄근지심고 차계타계지격이 정주변주지분수 철정정체
以罪根之深固 此界他界之隔異 正住邊住之分殊 鐵釘釘體

즉변체개창 석마마신 즉전신구쇄 열화통흉이혁적 양동
則徧體皆瘡 石磨磨身 則全身俱碎 烈火洞胸而赫赤 烊銅

관구이림리 이수고정이혼미 고문명막지령효 사요자업지
灌口以淋漓 以受苦正爾昏迷 故聞命莫之領曉 斯繇自業之

위장 차비주자지불자 지약태악제사 성황열묘 명관차처
爲障 且非主者之不慈 至若泰嶽諸司 城隍列廟 冥觀此處

실번유도 혹구대지상간 급사정지미결 개능조체 막수진추
實蕃有徒 或仇對之相干 及事情之未決 皆能阻滯 莫遂進趨

개유상실어불회 장필유고어단도 금즉경선게주 대천위신
豈唯上失於佛懷 將必有孤於檀度 今則敬宣偈呪 大闡威神

뇌관일격이개 죄배군분이출 무론귀천 망간원친 기제도어
牢關一擊而開 罪輩羣奔而出 無論貴賤 罔間怨親 冀齊到於

도량 비함첨어법공 아금봉선 화엄회중 각림보살소설
道場 俾咸沾於法供 我今奉宣 華嚴會中 覺林菩薩所說

파지옥게 급위지송
破地獄偈 及爲持誦

파지옥진언 능사일체 지옥수고수도 영탈유구 전생선도
破地獄眞言 能使一切 地獄受苦囚徒 永脫幽區 轉生善道

약인욕료지 삼세일체불 응관법계성 일체유심조(3번)
若人欲了知 三世一切佛 應觀法界性 一切唯心造

육범류다 극현명이구지 삼존위중 양외애지겸회 비빙방편
六凡類多 極顯冥而俱至 三尊威重 諒畏愛之兼懷 非憑方便

위열중심 공혹준순각퇴일면 내선비어 이파전기 기돈망경
慰悅衆心 恐或逡巡卻退一面 乃宣祕語 以破前機 冀頓忘驚

포지정 비함획안상이주 이포외진언
怖之情 俾咸獲安詳而住 離怖畏眞言

나모 바가바테 아바얌 카라야 타타가타야[175](3번)

258

피추기형 사명왈귀 두약산봉지용 인여침공지미 창수장지
彼醜其形 斯名曰鬼 頭若山峰之聳 咽如針孔之微 悵水漿之

막통 양기뇌지유심 삼도수이 중류량다 이인행지혹동
莫通 諒饑餒之惟甚 三塗雖異 衆類良多 以因行之或同

고과보지상사 용선비밀 대파간탐 기음선지감화 필후항지
故果報之相似 用宣祕密 大破慳貪 冀飮饍之甘和 必喉吭之

관창 개인후진언
寬暢 開咽喉眞言

나모 바가바테 비푸라 가트라야 타타가타야(3번)

제법본공 영유아인지상 차심무당 하분은원지정 요불료외
諸法本空 寧有我人之相 此心無黨 何分恩怨之情 繇不了外

경지비타 고망인차신지위자 어시갱상니어 각립봉강 인의
境之非他 故妄認此身之爲自 於是更相你汝 各立封疆 因意

향지초위 급언사지미순 행연변색 거행비리지진 홀이생증
向之稍違 及言辭之靡順 悻然變色 遽行非理之瞋 忽爾生憎

수기무근지방 기유시장상 이기고과 처호귀이학비미 침린
遂起無根之謗 其有恃長上 而欺孤寡 處豪貴而虐卑微 侵鄰

옹지지 이광신거 탈시인지재이실사탕 망사편태지혹 람가
翁之地 以廣新居 奪市人之財以實私帑 妄肆鞭笞之酷 濫加

옥송지원 호세릉인 만심배의 감혈육이자구복 망념상생흥
獄訟之冤 怙勢陵人 謾心背義 甘血肉而資口腹 罔念傷生興

주저이간귀신 개도론대 어시호상책보 무유이시 개연흔기
呪詛而干鬼神 豈逃論對 於是互相責報 無有已時 皆緣釁起

어일조 수사화연어다겁 금즉삼존필회 육취함진 장동품어
於一朝 遂使禍連於多劫 今則三尊畢會 六趣咸臻 將同稟於

진수 필선거어숙감 인심일발 욕경하존 염구수본아친인
眞修 必先祛於宿憾 忍心一發 辱境何存 念仇讎本我親姻

시남녀개오부모 영소결한 각기심환 메속군련 직취보리지
視男女皆吾父母 永銷結恨 各起深歡 袂屬裙聯 直趣菩提之

로 심개의해 함등해탈지장 모자실어량시 당진구어승익
路 心開意解 咸登解脫之場 母自失於良時 當進求於勝益

〈해원결진언 解怨結眞言〉

옴 삼타라 가타 스바하(3번)

금일 ○○재지신 영가등 각열명영가 기수건청 이강향단
今日 ○○齋之辰 靈駕等 各列名靈駕 旣受虔請 已降香壇

합장전심 지심청음 담담영천영보기 요지류출자심원
合掌專心 至心聽音 湛湛靈泉盈寶器 了知流出自心源

지어당처오진기 변쇄법연무불정 쇄정진언
只於當處悟眞機 徧洒法筵無不淨 洒淨眞言

옴 투루 투루 사 쿠루 쿠루 스바하[176](3번)

260

육취하다 일시구회 요빙불력 득예도량 당실순어진규
六趣何多 一時俱會 繇憑佛力 得預道場 當悉徇於眞規

서함흠어정공 성자법시 자피신심 감포근거 용창발기
庶咸歆於淨供 成玆法施 藉彼信心 敢布勤渠 用彰發起

귀명시방삼보중 원수신력위명자 아금구식송진언
歸命十方三寶衆 願垂神力爲冥資 我今具食誦眞言

변피육범함수공
徧彼六凡咸受供

〈영가법문 靈駕法聞〉

부 일체제법 체시삼덕 의정색심 하소불구 시이대주찰해
夫 一切諸法 體是三德 依正色心 何所不具 是以大周刹海

소극일진 과현미래 찰나일념 차삼덕체 즉무호 불변자야
小極一塵 過現未來 刹那一念 此三德體 則無乎 不徧者也

삼덕자 하야 법신반야해탈 시위삼 각구상락아 정시위덕
三德者 何也 法身般若解脫 是爲三 各具常樂我 淨是爲德

법신불독법신 필구반야해탈 반야해탈 호구역이 원인일심
法身不獨法身 必具般若解脫 般若解脫 互具亦爾 圓人一心

구차삼덕 비종비횡 고유지이원이 변일체처 고목지이비장
具此三德 非縱非橫 故喻之以圓伊 徧一切處 故目之以祕藏

대의재 기법성지 총상자호 홍유아석가모니여래 선설시식
大矣哉 其法性之 總相者乎 洪惟我釋迦牟尼如來 宣說施食

법문 비어일심지송 무량위덕자재광명승묘력다라니 가지
法門 俾於一心持誦 無量威德自在光明勝妙力陀羅尼 加持

일식 출생무량주변법계 보흥공양 개차다라니자 즉시삼덕
一食 出生無量周徧法界 普興供養 蓋此陀羅尼者 即是三德

비장 차비장자 구일체법 고능어차유출무궁 이미상유갈야
祕藏 此祕藏者 具一切法 故能於此流出無窮 而未嘗有竭也

부 위덕자재자 해탈덕야 광명자 반야덕야 승묘자 법신덕
夫 威德自在者 解脫德也 光明者 般若德也 勝妙者 法身德

야 력자 삼덕지력용야 다라니자 총지지칭야 총지삼덕
也 力者 三德之力用也 陀羅尼者 總持之稱也 總持三德

요재일심 일심삼덕 법이이구 연즉일심 즉다라니 다라니
要在一心 一心三德 法爾而具 然則一心 即陀羅尼 陀羅尼

즉시법식 막불개이삼덕 공위지체 역막불이 삼덕공위지용
即是法食 莫不皆以三德 共爲之體 亦莫不以 三德共爲之用

아금요능요지삼덕 비장구일체법 일체제법 동삼덕체 고능
我今繇能了知三德 祕藏具一切法 一切諸法 同三德體 故能

거체기용 작아현전소 봉분단지식 어일일식 출생일체천수
舉體起用 作我現前所 奉分段之食 於一一食 出生一切天須

다감로미 급환희환 제호소락 일체미미 막불필구 어차일
陀甘露味 及歡喜丸 醍醐酥酪 一切美味 莫不畢具 於此一

일미중 역부출생 묘향보화 천의영락 중보련여 일체복용
一味中 亦復出生 妙香寶華 天衣瓔珞 衆寶輦輿 一切服用

종경금뇨생소각패 고락현가 일체묘음 유천욕지 화과원림
鐘磬金鐃笙簫角貝 鼓樂絃歌 一切妙音 流泉浴池 華果園林

광명대전 일체주처 부어일일미미 일일복용 일일묘음
光明臺殿 一切住處 復於一一美味 一一服用 一一妙音

일일주처 피피출생 여상육진 일체묘공 무불주변 여제망
一一住處 彼彼出生 如上六塵 一切妙供 無不周徧 如帝網

주 천광교영 일주취다주 다주취일주 일다상섭 피피호조
珠 千光交映 一珠趣多珠 多珠趣一珠 一多相攝 彼彼互照

연즉일기지식 지미지약 이소이능유 여시불사 의용자 이
然則一器之食 至微至約 而所以能有 如是不思 議用者 以

차일념즉삼 덕지전체고야 아금봉위시주 지차삼덕소 훈육
此一念卽三 德之全體故也 我今奉爲施主 持此三德所 熏六

진묘공 보시법계 무량영가 일시충족 무소핍소 수피중생
塵妙供 普施法界 無量靈駕 一時充足 無所乏少 雖彼衆生

각득수용 이아본무소여 중생본무소취 소시지물역본무유
各得受用 而我本無所與 衆生本無所取 所施之物亦本無有

아급중생 역무유상 시위이공위관자 수부무여무취 무물
我及衆生 亦無有相 是爲以空爲觀者 雖復無與無取 無物

무아무중생 이기시자수자 급중간물 막불완연 역력가견
無我無衆生 而其施者受者 及中間物 莫不宛然 歷歷可見

시위이가위관자 어일심중 요지시자수자 급소시물 비유
是爲以假爲觀者 於一心中 了知施者受者 及所施物 非有

비무 삼륜구절 시위이중위관자 삼관원조 일념중득 무후
非無 三輪俱絶 是爲以中爲觀者 三觀圓照 一念中得 無後

무전 하사하려 작여시관 이행시자 시위불주상시 시제중
無前 何思何慮 作如是觀 而行施者 是爲不住相施 是諸衆

생 수차시시 일일자연 개득선열법희 이고거천도 즉전증
生 受此施時 一一自然 皆得禪悅法喜 以故居天道 則轉增

승복 재인륜즉 돈오진귀 수라조복진심 아귀함획포만
勝福 在人倫則 頓悟眞歸 修羅調伏瞋心 餓鬼咸獲飽滿

축류자득지혜 지옥영탈구수 즉어차시 함회업인 진구출세
畜類自得智慧 地獄永脫拘囚 卽於此時 咸悔業因 進求出世

당지적위여배 귀의삼보 봉행참회 발보리심 입사홍서 시
當知適爲汝輩 歸依三寶 奉行懺悔 發菩提心 立四弘誓 示

지이 삼취정계 현지이삼 삼덕묘체 명백통달 갱무여온 이
之以 三聚淨戒 顯之以三 三德妙體 明白洞達 更無餘蘊 而

우어차시가지 이법식지익덕묘체 명백통달 갱무여온 이우
又於此時加之 以法食之益德妙體 明白洞達 更無餘蘊 而又

어차시가지 이법식지익 시법시식 구득위이 즉여천태지언
於此時加之 以法食之益 是法是食 俱得爲利 則如天台之言

왈 비여훈약 약수화세 입인신중 환제방부 법수식입 역부
曰 譬如熏藥 藥隨火勢 入人身中 患除方復 法隨食入 亦復

여시 혹근혹원 종파무명 시개상자자 일법시지력 이치약
如是 或近或遠 終破無明 是皆上藉玆 日法施之力 以致若

시 아금봉선 무량위덕자재광명승묘력다라니 가지법식
是 我今奉宣 無量威德自在光明勝妙力陀羅尼 加持法食

충변법계 성대공능 여전소설 앙빙법중 동음지송
充徧法界 成大功能 如前所說 仰憑法衆 同音持誦

나모 사르바 타타가타 바로키테 옴 삼바라 삼바라 훔[177]

유자담수 출피고원 피이밀언 성사감로 시위불사지신약
惟茲湛水 出彼高源 被以密言 成斯甘露 是爲不死之神藥

능멸지갈지초심 가사청량 보령요익 어차수영지식
能滅至渴之焦心 可使淸涼 普令饒益 於此修營之食

가호관옥지공 기변화지유방 즉출생지무진 막불속염제취
加乎灌沃之功 旣變化之有方 則出生之無盡 莫不屬饜諸趣

창열군정 함활오어기령 즉돈증어법희 감로진언
暢悅羣情 咸豁悟於己靈 卽頓增於法喜 甘露眞言

나모 수루 파야 타타가타야 타댜타 옴 스루 스루 프라스루
프라스루 스바하[178]

〈공양게 供養偈〉

일심봉공 시방법계 ○○재신 소천망 모반수생 제취왕래
一心奉供 十方法界 ○○齋辰 疏薦亡 謀返受生 諸趣往來

중음취중 ○○영가 유원 불미본성 승불위광 시일금시
中陰趣衆 ○○靈駕 惟願 不迷本性 承佛威光 是日今時

수자공양
受玆供養

복이 종연은현 약경상지유무 수업승침 여정륜지고하
伏以 從緣隱顯 若鏡像之有無 隨業升沈 如井輪之高下

유천상오쇠지지 급인간사상지천 삼도지출몰분운 제취지
惟天上五衰之至 及人間四相之遷 三塗之出沒紛紜 諸趣之

왕래잡답 선악극중자 즉능감보 과인초경자 차부사시
往來雜遝 善惡極重者 卽能感報 果因稍輕者 且復俟時

이미득어수신 고잠귀어중음 하사생지수취 요죄복지전
以未得於受身 故暫歸於中陰 何死生之數取 繇罪福之轉

이숙홀이종 수량정어칠일 변화이유 질상비어소아 염념부
移倏忽而終 壽量定於七日 變化而有 質狀比於小兒 念念不

장 형형상속 식수총리 성지혼몽 불리만법지중 강명육도
臧 形形相續 識雖聰利 性只昏蒙 不離萬法之中 强名六道

지외 재천안고응득견 비불심막능변지 약차무귀 성위가민
之外 在天眼固應得見 非佛心莫能徧知 若此無歸 誠爲可憫

주류망경 이수정정이견련 회입수문 지득도방위지식 금즉
周流妄境 以隨情正爾牽連 回入修門 至得道方爲止息 今則

특개회 보도미륜 원인불일지광 내부단가지공 친승법시
特開會 普度迷倫 願因佛日之光 來赴檀家之供 親承法施

돈오원승 물권연어잔구 즉승등어락토 귀명정례 상주삼보
頓悟圓乘 勿眷戀於殘軀 卽升騰於樂土 歸命頂禮 常住三寶

공양
供養

〈공양진언 供養眞言〉

옴 가가나 삼바바 바즈라 호[179]

원인비밀 부사의훈 실사미효 전성법공 시제육도 십위
願因祕密 不思議熏 悉使微肴 轉成法供 施諸六道 十位

군령 일시보자 무불주변 소천망 ○○영가 등
羣靈 一時普資 無不周徧 疏薦亡 ○○ 靈駕 等

유원 불미본성 승불위광 시일금시 수자공양
惟願 不迷本性 承佛威光 是日今時 受茲供養

〈표백진령선게찬문 表白振鈴宣偈讚文〉

천지기분인도립 최초득성시위선 홍유시조급고증
天地旣分人道立 最初得姓是爲先 洪惟始祖及高曾

체아이친함천복 약혹견존자복수 여기이서필초승
逮我二親咸薦福 若或見存資福壽 如其已逝必超升

지어백숙여제고 형우제공무불도 사우외친제모씨
至於伯叔與諸姑 兄友弟恭無不度 師友外親諸母氏

등금피제불하유 간남여진오친어 차일시구봉공
等今披濟不遐遺 間男女盡吾親於 此一時俱奉供

복이 자종조지음척 고능수유어후곤 요범복이명훈 시왈
伏以 自宗祧之陰隲 故能垂裕於後昆 繇梵福以冥熏 是曰

추영어상세 연즉봉선사효 막여숭덕보공 고부근종고증
追榮於上世 然則奉先思孝 莫如崇德報功 故夫近從高曾

체급부모 이천신어소대 혹시양어여년 회정견즉 재반인중
逮及父母 已遷神於昭代 或侍養於餘年 懷正見則 再返人中

조중건 즉경륜하지 종탐천락 상하면어오쇠 별증선신역환
造重愆 則竟淪下地 縱耽天樂 尙何免於五衰 別證仙身亦還

래 어제취 사전쟁이흥대분 축비주이작방행 영풍숙숙
來 於諸趣 事戰爭而興大忿 逐飛走以作旁行 靈風肅肅

지기위신 기화염염 위지왈귀 출몰사생지경 망념초제
知其爲神 饑火炎炎 謂之曰鬼 出沒四生之境 罔念超際

회선육도지륜 하당지식 기유근수지행 심회원승 상밀계어
迴旋六道之輪 何當止息 其有勤修至行 深會圓乘 想密契於

무생필고 등어상품 진대지막비친권 등성발제지연 역광겁
無生必高 登於上品 盡大地莫非親眷 等成拔濟之緣 歷曠劫

소유원수 실동해제지념 금즉특개승회 보도미류 원인불일
所有怨讎 悉動解除之念 今則特開勝會 普度迷流 願因佛日

지광래 부단가지공 흔문묘법 활오진공 물류체어진환
之光來 赴檀家之供 欣聞妙法 豁悟眞空 勿留滯於塵寰

즉승등어락토 귀명정례 상주삼보
卽升騰於樂土 歸命頂禮 常住三寶

268

〈공양진언 供養眞言〉

옴 가가나 삼바바 바즈라 호[180]

원인비밀 부사의훈 실사미효 전성묘공 시제신중 급이
願因祕密 不思議熏 悉使微肴 轉成妙供 施諸神衆 及以

망령 일시보자 무불주변 혜등산야월지휘 정수담추공
亡靈 一時普資 無不周徧 慧燈散夜月之輝 定水湛秋空

지색 화엄만행 과만일승 입차실자 유문제불 공덕지향
之色 華嚴萬行 果滿一乘 入此室者 唯聞諸佛 功德之香

작시관자 단견선열 법희지식 막불즉사즉리 유색유심
作是觀者 但見禪悅 法喜之食 莫不卽事卽理 唯色唯心

실회정종 전성묘공
悉會正宗 全成妙供

〈보공양진언 普供養眞言〉

옴 가가나 삼바바 바즈라 호

비행재법 실입교문 요식사위 전귀리취 시이발심조의
備行齋法 悉入敎門 要識事爲 全歸理趣 是以發心措意

굴슬저두 소향산화 연등봉식 막불자성어원관 함령조현
屈膝低頭 燒香散華 然燈奉食 莫不資成於圓觀 咸令助顯

어정인 이여의수유다단 약수지무비삼체 연즉욕지사도
於正因 以如儀雖有多端 若隨智無非三諦 然則欲知斯道

개외차종 달만법성상개공 즉일념사유여실 갱수송성
豈外此宗 達萬法性相皆空 卽一念思惟如實 更須誦聖

인소설지전 비극부자 기득해지령 오수행처 어시위진
人所說之典 俾克符自 己得解之靈 悟修行處 於是爲眞

시공양중 이자위승
示供養中 以玆爲勝

〈법공양진언 法供養眞言〉

나모 사만타 부다남 사르바 타캄 우드가테 스파라 헤맘 가가남

캄 스바하[181]

시일금시 사문대중등 운자비심 행평등행 이본원력
是日今時 沙門大衆等 運慈悲心 行平等行 以本願力

대방광불화엄경력 제불가피지력 이차청정법식 보시일체
大方廣佛華嚴經力 諸佛加被之力 以此淸淨法食 普施一切

법계면연귀왕 소통령자 삼십육부 무량무변 항하사수 제
法界面然鬼王 所統領者 三十六部 無量無邊 恒河沙數 諸

아귀중계 하리제모 일체권속 사문선중 병차방타계 도병
餓鬼衆洎 訶利帝母 一切眷屬 沙門仙衆 併此方他界 刀兵

운명 수화분표 질역류리 기한동뇌 승목자진 형헌이종
殞命 水火焚漂 疾疫流離 飢寒凍餒 繩木自盡 形憲而終

270

산난이사 일체체백고혼 의초목일체귀신 지부풍도 대소
産難而死 一切滯魄孤魂 依草木一切鬼神 地府酆都 大小

철위산 오무간옥 팔한팔열 경중제지옥 악사성황등처
鐵圍山 五無間獄 八寒八熱 輕重諸地獄 嶽司城隍等處

일체수고중생 육도방래 일체중음중생 함부아청 무일유자
一切受苦衆生 六道傍來 一切中陰衆生 咸赴我請 無一遺者

원여일일각득 마가타국 소용지곡 칠칠곡식 제제기갈
願汝一一各得 摩伽陁國 所用之斛 七七斛食 除諸飢渴

제공범성난통 원구삼보가피
第恐凡聖難通 願求三寶加被

나모 상주시방불 나모 상주시방법 나모 상주시방승
南謨 常住十方佛 南謨 常住十方法 南謨 常住十方僧

각 열위열명영가 제불자 이승삼보가피지력 실부아청
各 列位列名靈駕 諸佛子 已承三寶加被之力 悉赴我請

당생희유심 사리전도상 귀의삼보 참제죄장 인후개통
當生希有心 捨離顚倒想 歸依三寶 懺除罪障 咽喉開通

평등수아 소시무차무애 청정법식 제제기갈
平等受我 所施無遮無碍 淸淨法食 除諸飢渴

귀의불 귀의법 귀의승 귀의불 양족존 귀의법 이욕존
歸依佛 歸依法 歸依僧 歸依佛 兩足尊 歸依法 離欲尊

귀의승 중중존 귀의불경 귀의법경 귀의승경
歸依僧 衆中尊 歸依佛竟 歸依法竟 歸依僧竟

나모 보승여래 나모 묘색신여래 나모 감로왕여래 나모
南謨　寶勝如來　南謨　妙色身如來　南謨　甘露王如來　南謨

광박신여래 나모 이포외여래(3번)
廣博身如來　南謨　離怖畏如來

나모 보승여래 제간탐업 복덕원만 나모 묘색신여래 파추
南謨　寶勝如來　除慳貪業　福德圓滿　南謨　妙色身如來　破醜

루형 상호원만 나모 감로왕여래 관법신심 영수쾌락 나모
陋形　相好圓滿　南謨　甘露王如來　灌法身心　令受快樂　南謨

광박신여래 인후관통 대수묘미 나모 이포외여래 공포실
廣博身如來　咽喉寬通　大受妙味　南謨　離怖畏如來　恐怖悉

제 이아귀취
除　離餓鬼趣

〈시식진언 施食眞言〉

옴 사르바 타타가타 아바로키테 밤 바라 바라 사바라 사바라
훔182)(3번)

〈유해진언 乳海眞言〉

나모 사만타 부다남 밤183)(3번)

272

〈보공양진언 普供養眞言〉

아금이차가지식　보시고혼급유정　신심포윤획청량
我今以此加持食　普施孤魂及有情　身心飽潤獲淸凉

실탈유도생선도
悉脫幽塗生善道

옴 가가나 스바바 바즈라 호(3번)

〈시방회향게 十方回向偈〉

원시방불위신력　가지발중감로수　영차감로변법계
願十方佛威神力　加持鉢中甘露水　令此甘露遍法界

보쇄중생제열뇌　원시방불위신력　가지곡중무애식
普灑衆生除熱惱　願十方佛威神力　加持斛中無礙食

영차정식변법계　보궤중생개포만　원시방불위신력
令此淨食遍法界　普饋衆生皆飽滿　願十方佛威神力

가지구고대명경　영차경성변법계　보사문자개해탈
加持救苦大明經　令此經聲遍法界　普使聞者皆解脫

〈참회게 懺悔偈〉

아석소조제악업　개유무시탐진치　종신구의지소생
我昔所造諸惡業　皆由無始貪嗔痴　從身口意之所生

일체아금개참회
一切我今皆懺悔

〈무상계 無常戒〉

부 무상계자 입열반지요문 월고해지자항 시고 일체제불
夫 無常戒者 入涅槃之要門 越苦海之慈航 是故 一切諸佛

인차계고 이입열반 일체중생 인차계고 이도고해 ○○
因此戒故 而入涅槃 一切衆生 因此戒故 而度苦海 ○○

영가 여금일 향탈근진 영식독로 수불무상정계 하행여야
靈駕 汝今日 向脫根塵 靈識獨露 受佛無上淨戒 何幸如也

○○영가 겁화통연 대천구괴 수미거해 마멸무여 하황차
○○靈駕 劫火洞燃 大千俱壞 須彌巨海 磨滅無餘 何況此

신 생로병사 우비고뇌 능여원위 ○○영가 발모조치 피육
身 生老病死 憂悲苦惱 能與遠違 ○○靈駕 髮毛爪齒 皮肉

근골 수뇌구색 개귀어지 타제기귀 진액말담 정기대소변
筋骨 髓腦垢色 皆歸於地 唾涕氣歸 津液沫淡 精氣大小便

리 개귀어수 난기귀화 동정귀풍 사대각리 금일망신 당재
利 皆歸於水 煖氣歸火 動靜歸風 四大各離 今日亡身 當在

하처 ○○영가 사대허가 비가애석 여종무시 이래 지우금
何處 ○○靈駕 四大虛假 非可愛惜 汝從無始 以來 至于今

일 무명연행 행연식 식연명색 명색연육입 육입연촉 촉연
日 無明緣行 行緣識 識緣名色 名色緣六入 六入緣觸 觸緣

수 수연애 애연취 취연유 유연생 생연로사우비고뇌 무명
受 受緣愛 愛緣取 取緣有 有緣生 生緣老死憂悲苦惱 無明

멸즉행멸 행멸즉식멸 식멸즉명색멸 명색멸즉육입멸 육입
滅則行滅 行滅則識滅 識滅則名色滅 名色滅則六入滅 六入

멸즉촉멸 촉멸즉수멸 수멸즉애멸 애멸즉취멸 취멸즉유멸
滅則觸滅 觸滅則受滅 受滅則愛滅 愛滅則取滅 取滅則有滅

유멸즉생멸 생멸즉노사 우비고뇌멸 제법종본래 상자적
有滅則生滅 生滅則老死 憂悲苦惱滅 諸法從本來 常自寂

멸상 불자행도이 내세득작불 제행무상 시생멸법 생멸
滅相 佛子行道已 來世得作佛 諸行無常 是生滅法 生滅

멸이 적멸위락 귀의불타계 귀의달마계 귀의승가계
滅已 寂滅爲樂 歸依佛陁戒 歸依達摩戒 歸依僧伽戒

나모 과거보승 여래 응공 정변지 명행족 선서 세간해
南無 過去寶勝 如來 應供 正徧知 名行足 善逝 世間解

무상사 조어장부 천인사 불세존 ○○영가 탈겁 오음
無上士 調御丈夫 天人師 佛世尊 ○○靈駕 脫劫 五陰

각루자 영식독로 수불무상계 개불쾌재 개불쾌재 천당
殼漏子 靈識獨露 受佛無常戒 豈不快哉 豈不快哉 天堂

불찰 수념왕생 쾌활념활 서래조의최당당 자정기심성
佛刹 隨念往生 快活恬活 西來祖意最堂堂 自淨其心性

본향 묘체담연무처소 산하대지현진광 귀의불 양족존
本鄉 妙體湛然無處所 山河大地現眞光 歸依佛 兩足尊

귀의법 이욕존 귀의승 중중존 귀의불경 귀의법경
歸依法 離欲尊 歸依僧 衆中尊 歸依佛竟 歸依法竟

귀의승경
歸依僧竟

〈십획승과반주찬 十獲勝果般舟讚〉

석자반주삼매락(원왕생)
釋慈般舟三昧樂(願往生)

전심염불견미타(무량락)
專心念佛見彌陀(無量樂)

보권회심생정토(원왕생)
普勸迴心生淨土

회심염불즉동생(무량락)
迴心念佛卽同生

광겁이래유랑구(원왕생)
曠劫已來流浪久

수연육도수윤회(무량락)
隨緣六道受輪迴

불우왕생선지식(원왕생)
不遇往生善知識

수능상권득회귀(무량락)
誰能相勸得迴歸

억수천당잠시락(원왕생)
憶受天堂暫時樂

복진임종현오쇠(무량락)
福盡臨終現五衰

억수인중태장고(원왕생)
憶受人中胎藏苦

사사육적경상최(무량락)
四蛇六賊競相催

억수수라아귀도(원왕생)
憶受修羅餓鬼道

기허투쟁고난재(무량락)
飢虛鬪諍苦難裁

억수축생상식담(원왕생)
憶受畜生相食噉

도광사명부견려(무량락)
刀光捨命復牽黎

276

억수지옥장시고(원왕생)
憶受地獄長時苦

업풍취거불지회(무량락)
業風吹去不知迴

혹상도산반검수(원왕생)
或上刀山攀劍樹

피부골육변성회(무량락)
皮膚骨肉變成灰

혹입확탕로탄화(원왕생)
或入鑊湯爐炭火

등파맹염극천뢰(무량락)
騰波猛焰劇天雷

차문하연수차고(원왕생)
借問何緣受此苦

탐어애육업상수(무량락)
貪魚愛肉業相隨

용동관구려경설(원왕생)
鎔銅灌口黎耕舌

음주망어수기재(무량락)
飮酒妄語受其災

혹와철상포동주(원왕생)
或臥鐵床抱銅柱

총위사음전도래(무량락)
總爲邪婬顚倒來

혹타아비대지옥(원왕생)
或墮阿鼻大地獄

경겁장년안불개(무량락)
經劫長年眼不開

상화하화통교과(원왕생)
上火下火通交過

도륜철저자비래(무량락)
刀輪鐵杵自飛來

동구교심병담혈(원왕생)
銅狗齧心幷噉血

철오탁안복천시(무량락)
鐵烏啄眼復穿揌

금일도량제중등(원왕생)
今日道場諸衆等

항사광겁총경래(무량락)
恒沙曠劫總經來

도차인신난치우(원왕생)
度此人身難値遇

유약우담화시개(무량락)
喩若優曇花始開

정치희문정토교(원왕생)
正値稀聞淨土敎

정치염불법문개(무량락)
正値念佛法門開

정치미타홍서환(원왕생)
正値彌陀弘誓喚

정치대중신심회(무량락)
正値大衆信心迴

정치금일의경찬(원왕생)
正値今日依經讚

정치결결상화대(무량락)
正値結契上花臺

정치도량무마사(원왕생)
正値道場無魔事

정치무병총능래(무량락)
正値無病總能來

정치칠일공성취(원왕생)
正値七日功成就

사십팔원요상휴(무량락)
四十八願要相攜

보권도량동행자(원왕생)
普勸道場同行者

노력회심귀거래(무량락)
努力迴心歸去來

차문가향하처시(원왕생)
借問家鄕何處是

극락지중칠보대(무량락)
極樂池中七寶臺

피불인중립홍서(원왕생)
彼佛因中立弘誓

문명념아총영래(무량락)
聞名念我總迎來

불간무비정토업(원왕생)
不簡無非淨土業

불간외도천제인(무량락)
不簡外道闡提人

불간장시수고행(원왕생)
不簡長時修苦行

불간금일시생심(무량락)
不簡今日始生心

불간다문지정계(원왕생)
不簡多聞持淨戒

불간파계죄근심(무량락)
不簡破戒罪根深

단사회심다염불(원왕생)　　　능령와력변성금(무량락)
但使迴心多念佛　　　　　　能令瓦礫變成金

기어현전제대중(원왕생)　　　동연거자조상심(무량락)
寄語現前諸大衆　　　　　　同緣去者早相尋

차문상심하처거(원왕생)　　　보도미타정토중(무량락)
借問相尋何處去　　　　　　報道彌陀淨土中

차문하연득생피(원왕생)　　　보도염불자성공(무량락)
借問何緣得生彼　　　　　　報道念佛自成功

차문금생다죄장(원왕생)　　　여하정토긍상용(무량락)
借問今生多罪障　　　　　　如何淨土肯相容

보도칭명죄소멸(원왕생)　　　유약명등입암중(무량락)
報道稱名罪消滅　　　　　　喩若明燈入闇中

차문범부득생불(원왕생)　　　여하일념암중명(무량락)
借問凡夫得生不　　　　　　如何一念闇中明

보도제의전염불(원왕생)　　　임종보좌정래영(무량락)
報道除疑專念佛　　　　　　臨終寶座定來迎

〈귀향서방찬 歸向西方讚〉

삼계무안여화택　사구로지락진애　염주사생거골육
三界無安如火宅　四衢露地絡塵埃　厭住死生居骨肉

하능오음처포태　정치금생발도의　희봉정토법문개
何能五蘊處胞胎　正値今生發道意　稀逢淨土法門開

원득서방안양국 미타성중요상휴 정산이문능득왕
願得西方安養國 彌陀聖衆要相攜 定散二門能得往

정진구품진승대 도피삼명팔해탈 장사오탁견여래
精塵九品盡乘臺 到彼三明八解脫 長辭五濁見如來

〈미타관음세지찬 彌陀觀音勢至讚〉

응신정찰재미궁 보계천화만취중 금전이개자주소
凝神淨刹在微宮 寶界天花滿翠中 金殿已開慈主笑

봉도의용찬미궁 보수루대광영조 총시미타원력공
奉睹儀容讚未窮 寶樹樓臺光映照 總是彌陀願力功

일념상응개왕피 수갱획득육신통 수재지십만억세
一念相應皆往彼 須更獲得六神通 袖齎持十萬億歲

성중진사수공동 종자계수상첨앙 정사사바출고롱
聖衆塵沙受供同 從茲稽首常瞻仰 定捨娑婆出苦籠

관음세지인금견 보엽연화개개공 단념미타천만편
觀音勢至人今見 寶葉蓮花箇箇空 但念彌陀千萬遍

불구환생극락중 정토접인대도사 무량수여래불
不久還生極樂中 淨土接引大導師 無量壽如來佛

나모 아미타불 나모 아미타불 (시간에 따라 염불한다.)
南謨 阿彌陀佛 南謨 阿彌陀佛

〈극락장엄찬 極樂莊嚴讚〉[184]

미타원행광무변(나모아미타불)　비제군생보진령(나모아미타불)
彌陀願行廣無邊(南謨阿彌陀佛)　悲濟群生普盡怜(南謨阿彌陀佛)

총욕화령귀본국(나모아미타불)　중생죄업공무연(나모아미타불)
總欲化令歸本國　　　　　　　衆生罪業共無緣

관음보살대자비(나모아미타불)　능어고해현희기(나모아미타불)
觀音菩薩大慈悲　　　　　　　能於苦海現希奇

자금신상삼십이(나모아미타불)　정대미타존중시(나모아미타불)
紫金身相三十二　　　　　　　頂戴彌陀尊重時

세지보살심난사(나모아미타불)　자금신상등무휴(나모아미타불)
勢至菩薩甚難思　　　　　　　紫金身相等無虧

정상보병광현조(나모아미타불)　보수염불왕생기(나모아미타불)
頂上寶瓶光顯照　　　　　　　普收念佛往生機

자경왕석숙연심(나모아미타불)　득우미타정교음(나모아미타불)
自慶往昔宿緣深　　　　　　　得遇彌陀淨敎音

집지명호무휴식(나모아미타불)　보진임종신자금(나모아미타불)
執持名號無休息　　　　　　　報盡臨終身紫金

아상자탄고정근(나모아미타불)　희문무상법청진(나모아미타불)
我常自嘆苦精勤　　　　　　　希聞無上法淸眞

수공무명시투난(나모아미타불)　서당파멸취금신(나모아미타불)
須共無明時鬥亂　　　　　　　誓當破滅取金身

일념응신왕보성(나모아미타불)
一念凝神往寶城

족답천엽연화상(나모아미타불)
足踏千葉蓮花上

미타정찰심정미(나모아미타불)
彌陀淨刹甚精微

광겁침륜어고해(나모아미타불)
曠劫沈淪於苦海

극락보국무쇠변(나모아미타불)
極樂寶國無衰變

마니명월유리수(나모아미타불)
磨尼明月琉璃水

극락보계심희기(나모아미타불)
極樂寶界甚希奇

금일희우미타호(나모아미타불)
今日喜遇彌陀號

미타보계부사의(나모아미타불)
彌陀寶界不思議

아비지옥인명왕(나모아미타불)
阿鼻地獄人名往

귀거래우귀거래(나모아미타불)
歸去來又歸去來

육통기의학신경(나모아미타불)
六通起意學身輕

명월마니수하행(나모아미타불)
明月魔尼樹下行

피처사바인개지(나모아미타불)
彼處娑婆人豈知

하년득우왕생시(나모아미타불)
何年得遇往生時

벽옥루대천자연(나모아미타불)
碧玉樓臺天自然

광조지대진가령(나모아미타불)
光照池臺眞可怜

보위명생래불지(나모아미타불)
寶爲名生來不知

돈사사바거자희(나모아미타불)
頓捨娑婆去者稀

유탄사바거자희(나모아미타불)
唯嘆娑婆去者稀

일타하년경출시(나모아미타불)
一墮何年更出時

염부오탁족진애(나모아미타불)
閻浮五濁足塵埃

불여서방쾌락처(나모아미타불)   도피화대수의개(나모아미타불)
不如西方快樂處   到彼花臺隨意開

편관삼계함개고(나모아미타불)   범부탐착사경영(나모아미타불)
遍觀三界咸皆苦   凡夫耽着事輕盈

욕해업풍파랑고(나모아미타불)   출몰하증유잠정(나모아미타불)
欲海業風波浪鼓   出沒何曾有暫停

침륜악취경다겁(나모아미타불)   시왕인천일도행(나모아미타불)
沈淪惡趣經多劫   時往人天一度行

치탐애취탐제유(나모아미타불)   육도윤회사부생(나모아미타불)
癡貪愛取貪諸有   六道輪迴死復生

상생비상환래하(나모아미타불)   수입연소만장갱(나모아미타불)
上生非相還來下   隨入然燒萬丈坑

검수분신심담쇄(나모아미타불)   나감발설철리경(나모아미타불)
劍樹分身心膽碎   那堪拔舌鐵犁耕

금일지성귀명례(나모아미타불)   미타양족세간명(나모아미타불)
今日至誠歸命禮   彌陀兩足世間明

유원자비수섭수(나모아미타불)   호광섭수득개맹(나모아미타불)
唯願慈悲垂攝受   毫光攝受得開萌

칭명염불성상속(나모아미타불)   칠보화대성중경(나모아미타불)
稱名念佛聲相續   七寶花臺聖衆擎

능어피국상교앙(나모아미타불)   임종역정불친영(나모아미타불)
能於彼國常翹仰   臨終亦定佛親迎

삼계무안여화택(나모아미타불)
三界無安如火宅

사구로지락진애(나모아미타불)
四衢露地絡塵埃

염주사생거골육(나모아미타불)
厭住死生居骨肉

하능오음처포태(나모아미타불)
何能五蘊處胞胎

정치금생발도의(나모아미타불)
正値今生發道意

희봉정토법문개(나모아미타불)
稀逢淨土法門開

원득서방안양국(나모아미타불)
願得西方安養國

미타성중요상휴(나모아미타불)
彌陀聖衆要相攜

정산이문능득왕(나모아미타불)
定散二門能得往

정진구품진승대(나모아미타불)
精塵九品盡乘臺

도피삼명팔해탈(나모아미타불)
到彼三明八解脫

장사오탁견여래(나모아미타불)
長辭五濁見如來

염불일성일화불(나모아미타불)
念佛一聲一化佛

개종구출생홍련(나모아미타불)
皆從口出生紅蓮

염불천성천화불(나모아미타불)
念佛千聲千化佛

가부정좌재오전(나모아미타불)
跏趺正坐在吾前

일일상칭일만불(나모아미타불)
一日常稱一萬佛

계불고저출범천(나모아미타불)
計佛高低出梵天

원아임종치제불(나모아미타불)
願我臨終値諸佛

영장정토증삼현(나모아미타불)
迎將淨土證三賢

교량좌선염불찬(나모아미타불)
校量坐禪念佛讚

여래설법원무이(나모아미타불)
如來說法元無二

지시중생심불평(나모아미타불)　　수선지발선심정(나모아미타불)
只是衆生心不平　　　　　　　修禪志發禪心淨

염불유구화불영(나모아미타불)　　일개가거산상주(나모아미타불)
念佛唯求化佛迎　　　　　　　一箇駕車山上走

일개승강수리행(나모아미타불)　　산수고저수유이(나모아미타불)
一箇乘舡水裏行　　　　　　　山水高低雖有異

관피미타극락계(나모아미타불)　　광대관평중보성(나모아미타불)
觀彼彌陀極樂界　　　　　　　廣大寬平衆寶城

사십팔원장엄기(나모아미타불)　　초제불찰최위정(나모아미타불)
四十八願莊嚴起　　　　　　　超諸佛刹最爲精

본국타방대해중(나모아미타불)　　궁겁산수불지명(나모아미타불)
本國他方大海衆　　　　　　　窮劫算數不知名

보권귀서동피회(나모아미타불)　　항사삼매자연성(나모아미타불)
普勸歸西同彼會　　　　　　　恒沙三昧自然成

무생보국영무상(나모아미타불)　　일일보류무수광(나모아미타불)
無生寶國永無常　　　　　　　一一寶流無數光

행자수심상대목(나모아미타불)　　승신용약입서방(나모아미타불)
行者須心常對目　　　　　　　勝神踴躍入西方

보담보색보광비(나모아미타불)　　일일광성무수대(나모아미타불)
寶潭寶色寶光飛　　　　　　　一一光成無數臺

대중보루천만억(나모아미타불)　　대측백억보당위(나모아미타불)
臺中寶樓千萬億　　　　　　　臺側百億寶幢圍

보수보림제보수(나모아미타불)　　보화보엽보근경(나모아미타불)
寶樹寶林諸寶樹　　　　　　　寶花寶葉寶根莖

혹유천보분림이(나모아미타불)　　혹유백보공성행(나모아미타불)
或有千寶分林異　　　　　　　或有百寶共成行

행행상당엽상차(나모아미타불)　　색각부동광역연(나모아미타불)
行行相當葉相次　　　　　　　色各不同光亦然

등량제고삼십만(나모아미타불)　　지엽상촉설무인(나모아미타불)
等量齊高三十萬　　　　　　　枝葉相觸說無因

보하보안보금사(나모아미타불)　　보엽보거보련화(나모아미타불)
寶河寶岸寶金沙　　　　　　　寶葉寶渠寶蓮花

십이유순개정등(나모아미타불)　　보라보망보란차(나모아미타불)
十二由旬皆正等　　　　　　　寶羅寶網寶欄遮

덕수분류심보수(나모아미타불)　　간파도락증포백(나모아미타불)
德水分流尋寶樹　　　　　　　間波睹樂證怖怕

기어유연동행자(나모아미타불)　　노력번미환본가(나모아미타불)
寄語有緣同行者　　　　　　　努力翻迷還本家

미타본원화왕좌(나모아미타불)　　일체중보이위성(나모아미타불)
彌陀本願花王坐　　　　　　　一切衆寶以爲城

대상사당장보만(나모아미타불)　　미타독좌현진형(나모아미타불)
臺上四幢張寶漫　　　　　　　彌陀獨坐顯眞形

미타신심변법계(나모아미타불)　　영현중생심상중(나모아미타불)
彌陀身心遍法界　　　　　　　影現衆生心想中

시고권여상관찰(나모아미타불)
是故勸汝常觀察

의심기상표진용(나모아미타불)
依心起想表眞容

보용보형임화좌(나모아미타불)
寶容寶形臨花坐

심개견파국장엄(나모아미타불)
心開見波國莊嚴

보수삼신화변만(나모아미타불)
寶樹三身花遍滿

풍령낙향여문동(나모아미타불)
風鈴樂響與文同

미타신색여금산(나모아미타불)
彌陀身色如金山

상호광명조시방(나모아미타불)
相好光明照十方

유유염불몽광섭(나모아미타불)
唯有念佛蒙光攝

당지본원최위강(나모아미타불)
當知本願最爲强

시방여래서설증(나모아미타불)
十方如來舒舌證

전칭명호지서방(나모아미타불)
專稱名號至西方

도피화간미묘법(나모아미타불)
到彼花間微妙法

십지원행자연창(나모아미타불)
十地願行自然彰

법계경요여전봉(나모아미타불)
法界傾遙如轉蓬

화불운집만허공(나모아미타불)
化佛雲集滿虛空

보권유연상억념(나모아미타불)
普勸有緣常憶念

영절포태증육통(나모아미타불)
永絶胞胎證六通

정좌가부입삼매(나모아미타불)
正座跏趺入三昧

상심래심지서방(나모아미타불)
想心來心至西方

도견미타극락계(나모아미타불)
睹見彌陀極樂界

지상허공칠보장(나모아미타불)
地上虛空七寶莊

미타신량극무변(나모아미타불)
彌陀身量極無邊

장육팔척수기현(나모아미타불)
丈六八尺隨機現

상배상행상근인(나모아미타불)
上輩上行上根人

취행차별분삼품(나모아미타불)
就行差別分三品

일일칠일전정진(나모아미타불)
一日七日專精進

경재난봉금득우(나모아미타불)
慶哉難逢今得遇

중배중행중근인(나모아미타불)
中輩中行中根人

효양부모교회향(나모아미타불)
孝養父母敎迴向

불여성문중래집(나모아미타불)
佛與聲聞衆來集

백보화롱경칠일(나모아미타불)
百寶花籠經七日

하배하행하근인(나모아미타불)
下輩下行下根人

중권중생관소신(나모아미타불)
重勸衆生觀小身

광등시보화전진(나모아미타불)
光等示報化前眞

구생정토등탐진(나모아미타불)
求生淨土等貪嗔

오문상속조삼인(나모아미타불)
五門相續助三因

필명승대출육진(나모아미타불)
畢命乘臺出六塵

영증무위법성신(나모아미타불)
永證無爲法性身

일일재계처금련(나모아미타불)
一日齋戒處金蓮

위설서방쾌락인(나모아미타불)
爲說西方快樂因

직도미타화좌변(나모아미타불)
直到彌陀花座邊

삼품연개증소진(나모아미타불)
三品蓮開證小眞

십악오역등탐진(나모아미타불)
十惡五逆等貪嗔

288

사중투승방정법(나모아미타불)
四重偸僧謗正法

미증참괴회전건(나모아미타불)
未曾慚愧悔前愆

종일고상개운집(나모아미타불)
終日苦相皆雲集

지옥맹화죄인전(나모아미타불)
地獄猛火罪人前

홀우왕생선지식(나모아미타불)
忽遇往生善知識

급권전칭피불명(나모아미타불)
急勸專稱彼佛名

화불보살심성도(나모아미타불)
化佛菩薩尋聲到

염일경심입보련(나모아미타불)
念一頃心入寶蓮

삼화장중개다겁(나모아미타불)
三花障重開多劫

우시시발보리인(나모아미타불)
于時始發菩提因

낙하제사난사의(나모아미타불)
樂何諦事難思議

무우보살위동학(나모아미타불)
無遇菩薩爲同學

성해여래진시사(나모아미타불)
性海如來盡是師

갈문반야절사장(나모아미타불)
渴聞般若絶思漿

염복무생즉단기(나모아미타불)
念服無生卽斷飢

일체장엄개법설(나모아미타불)
一切莊嚴皆法說

무심영납자연지(나모아미타불)
無心領納自然知

칠각화지수의입(나모아미타불)
七覺花池隨意入

팔배응신회일지(나모아미타불)
八背凝神會一枝

미타심수목신정(나모아미타불)
彌陀心水沐身頂

관음대성어의피(나모아미타불)
觀音大聖與衣披

욕연승공유법계(나모아미타불)
欲然勝空遊法界

수유수기호무위(나모아미타불)　여차도요쾌락처(나모아미타불)
須臾授記號無爲　　　　　　如此道遙快樂處

인금불거대하시(나모아미타불)
人今不去待何時

나모 서방정토 극락세계 외외아미타불 안용자금영 신상
南謨　西方淨土　極樂世界　巍巍阿彌陀佛　顔容紫金英　身相

삼십이 조족하안평 자호팔십종 광요상조명 범음초삼천
三十二　爪足下安平　姿好八十種　光曜常照明　梵音超三千

묘향애난성 외외아미타불 국토심청명 실순황금색 무사악
妙響哀鸞聲　巍巍阿彌陀佛　國土甚淸明　悉純黃金色　無四惡

여명 지수류상주 보수오음성 가탄무상고 문개득무생 외
女名　池水流相注　寶樹五音聲　歌歎無常苦　聞皆得無生　巍

외아미타불 중선왕중영 국토묘안락 무불원왕생 불여보살
巍阿彌陀佛　衆善王中英　國土妙安樂　無不願往生　佛與菩薩

중 번비구왕영 홀연칠보지 연화중장성 외외아미타불 위
衆　飜飛俱往迎　忽然七寶池　蓮花中長成　巍巍阿彌陀佛　威

덕묘무려 구체진금색 광요시방토 기문득도우 영발생사고
德妙無侶　軀體眞金色　光耀十方土　其聞得覩遇　永拔生死苦

계수접인대도사 무량수여래불 나모 아미타불 나모 보현
稽首接引大導師　無量壽如來拂　南謨　阿彌陀佛　南謨　普賢

보살 나모 묘덕보살 나모 미륵보살 나모 현호보살 나모
菩薩　南謨　妙德菩薩　南謨　彌勒菩薩　南謨　賢護菩薩　南謨

선사의보살 나모 신혜보살 나모 공무보살 나모 신통화
善思議菩薩 南謨 信慧菩薩 南謨 空無菩薩 南謨 神通華

보살 나모 광영보살 나모 혜상보살 나모 지당보살 나모
菩薩 南謨 光英菩薩 南謨 慧上菩薩 南謨 智幢菩薩 南謨

적근보살 나모 원혜보살 나모 향상보살 나모 보영보살
寂根菩薩 南謨 願慧菩薩 南謨 香象菩薩 南謨 寶英菩薩

나모 중주보살 나모 제행보살 나모 해탈보살마하살[185]
南謨 中住菩薩 南謨 制行菩薩 南謨 解脫菩薩摩訶薩

원공법계제중생 동입미타대원해 구품도중생 아금서귀의
願共法界諸衆生 同入彌陀大願海 九品度衆生 我今誓歸依

참회삼업죄 지심회향인 왕생극락국 원아임욕명종시
懺悔三業罪 至心回向因 往生極樂國 願我臨欲命終時

진제일체제장애 면견피불아미타 즉득왕생안락찰
盡除一切諸障碍 面見彼佛阿彌陀 卽得往生安樂刹

원이차공덕 보급어일체 아등여중생 당생극락국
願以此功德 普及於一切 我等與衆生 當生極樂國

동견무량수 개공성불도(목탁, 요령 마침)
同見無量壽 皆空成佛道

(초재부터 6재까지는 여기에서 마치고, 49재와 천도재 등은 봉송편부터
집전한다.)

〈봉송게 奉送偈〉

원아 금차 지극지정성 ○○재지신 설향단전 봉송재자
願我 今此 至極之精誠 ○○齋之辰 設香壇前 奉送齋者

(주소) 행효 ○○복위 소천망 ○○영가 상서선망
　　　行孝 ○○伏爲 所薦亡 ○○靈駕 上逝先亡

광겁부모 다생사장 누세종친 제형숙백 자매질손 원근
廣劫父母 多生師長 累世宗親 弟兄叔伯 姉妹姪孫 遠近

친척 일체권속 등 각 열위열명 영가 차 도량내외 동상
親戚 一切眷屬 等 各 列位列名 靈駕 此 道場內外 同上

동하 유주무주 운집고혼 제불자 등 각 열위열명 영가
同下 有主無主 雲集孤魂 諸佛子 等 各 列位列名 靈駕

아금지주차색화 가지원성청정고 일화공양아여래
我今持呪此色花 加持願成淸淨故 一花供養我如來

수화각귀청정토 대비복지무연주 산화보산시방거
受花却歸淸淨土 大悲福智無緣主 散花普散十方去

일체현성진귀공 산화보원귀래로 아이여래삼밀문
一切賢聖盡歸空 散花普願歸來路 我以如來三密門

이작상묘이익경 유원극락정토주 보살연각성문등
已作上妙利益竟 惟願極樂淨土住 菩薩燕閣聲聞等

극락세계제권속 망령고혼계유정 지옥아귀급방생
極樂世界諸眷屬 亡靈孤魂泊有情 地獄餓鬼及傍生

292

함원신심득자재 빙사승선획청량 총희구득불퇴전
咸願身心得自在 憑斯勝善獲清凉 摠希俱得不退轉

아어타일건도량 불위본서환래부
我於他日建道場 不違本誓還來赴

(위패, 사진 등을 들고 부처님 앞을 향하여 선다.)

산화락(3번)
散花落

〈봉송진언 奉送眞言〉[186]

옴 바즈라 모크사 무(3번)

〈보회향게 普迴向偈〉

현세지중 미증보리간 원무내외 장난악연 등 항상우봉
現世之中 未證菩提間 願無內外 障難惡緣 等 恒常遇逢

최묘선지식 소수선사 행원속성취[187]
最妙善知識 所修善事 行願速成就

옴 사르바 주다 사르바 타마 사르바 바바 주다 함(3번)

확탕풍요천지괴 요요장재백운간 일성휘파금성벽
鑊湯風搖天地壞 寥寥長在白雲間 一聲揮破金城壁

단향불전칠보산
但向佛前七寶山

자귀의불당원중생　체해대도발무상의　자귀의법당원중생
自歸依佛當願衆生　體解大道發無上意　自歸依法當願衆生

심입경장지혜여해　자귀의승당원중생　통리대중일체무애
深入經藏智慧如海　自歸依僧當願衆生　統理大衆一切無礙

나모　대성인로왕보살
南謨　大聖引路王菩薩

나모　대성인로왕보살
南謨　大聖引路王菩薩

나무　대성인로왕보살마하살
南謨　大聖引路王菩薩摩訶薩

〈법성게 法性偈〉(위패 등을 모시고 소대로 이동한다)

법성원융무이상　제법부동본래적　무명무상절일체
法性圓融無二相　諸法不動本來寂　無名無相絶一切

증지소지비여경　진성심심극미묘　불수자성수연성
證智所知非餘境　眞性甚深極微妙　不守自性隨緣成

일중일체다중일　일즉일체다즉일　일미진중함시방
一中一切多中一　一卽一切多卽一　一微塵中含十方

일체진중역여시　무량원겁즉일념　일념즉시무량겁
一切塵中亦如是　無量遠劫卽一念　一念卽是無量劫

구세십세호상즉　잉불잡란격별성　초발심시변정각
九世十世互相卽　仍不雜亂隔別成　初發心時便正覺

294

생사열반상공화　이사명연무분별　십불보현대인경
生死涅槃常共和　理事冥然無分別　十佛普賢大人境

능인해인삼매중　번출여의부사의　우보익생만허공
能仁海印三昧中　繁出如意不思議　雨寶益生滿虛空

중생수기득이익　시고행자환본제　파식망상필부득
衆生隨器得利益　是故行者還本際　叵息妄想必不得

무연선교착여의　귀가수분득자량　이다라니무진보
無緣善巧捉如意　歸家隨分得資糧　以陀羅尼無盡寶

장엄법계실보전　궁좌실제중도상　구래부동명위불
莊嚴法界實寶殿　窮坐實際中道床　舊來不動名爲佛

〈소대의례 燒臺儀禮〉

금차 지극지정성　○○재지신　봉송재자 (주소) 행효
今此 至極至精誠　○○齋之辰　奉送齋者　　　行孝

○○복위 소천망　○○영가 금일　영가위주 상세선망
○○伏爲 疏薦亡　○○靈駕 今日　靈駕爲主 上世先亡

광겁부모 다생사장　누대종친 등　각 열위열명 영가
曠劫父母 多生師長　累代宗親 等　各 列位列名 靈駕

차 도량내외 동상동하　유주무주 애혼제불자 등 각 열위
此 道場內外 洞上洞下　有主無主 哀魂諸佛子 等 各 列位

열명영가
列名靈駕

상래시식공덕 이망연야 불리망연야 불리망연즉 차청반야
上來施食功德 離妄緣耶 不離妄緣耶 不離妄緣則 且聽般若

육근게송 말후일게 지심제청
六根偈頌 末後一偈 至心諦聽

〈육근찬 六根讚〉¹⁸⁸⁾

조견심공요세간　견지안근상청정　색계원래본시공
照見心空了世間　見智眼根常淸淨　色界元來本是空

색성본래무장애　무래무거시진종　관견이근상청정
色性本來無障礙　無來無去是眞宗　觀見耳根常淸淨

성계원래본시공　성성본래무장애　무래무거시진종
聲界元來本是空　聲性本來無障礙　無來無去是眞宗

관견비근상청정　향계원래본시공　향성본래무장애
觀見鼻根常淸淨　香界元來本是空　香性本來無障礙

무래무거시진종　관견설근상청정　미계원래본시공
無來無去是眞宗　觀見舌根常淸淨　味界元來本是空

미성본래무장애　무래무거시진종　관견신근상청정
味性本來無障礙　無來無去是眞宗　觀見身根常淸淨

색계원래본시공　색성본래무장애　무래무거시진종
色界元來本是空　色性本來無障礙　無來無去是眞宗

관견의근상청정　법계원내본시공　법성본래무장애
觀見意根常淸淨　法界元來本是空　法性本來無障礙

〈호마진언 護摩眞言〉(위패와 옷 등을 태운다)

나모 시만타 부다남 아 마하 잔티 가타 잔티 카라 프라자마

다르마 니르자타 아바바 스바바 다르마 사만타 프라프타

스바하[189](3번)

〈봉송진언 奉送眞言〉

옴 바즈라 모크사 무(3번)

〈왕생진언 往生眞言〉[190](3번)

옴 라트네 라트네 라트나 삼바비 라트나 키라니 라트나 마라니

주테 수다야 사르바 파바 훔 트라 타(3번)

나모 환희장마니보적불 나모 원만장보살마하살
南謨　歡喜藏摩尼寶積佛　南謨　圓滿藏菩薩摩訶薩

나모 회향장보살마하살
南謨　回向藏菩薩摩訶薩

아금지주차색화　가지원성청정고　유원고혼계유정
我今持呪此色花　加持願成淸淨故　惟願孤魂洎有情

지옥아귀급방생　함원신심득자재　빙사승선획청량
地獄餓鬼及傍生　咸願身心得自在　憑斯勝善獲淸凉

총희구득불퇴전　아어타일건도량　불위본서환래부
摠希俱得不退轉　我於他日建道場　不違本誓還來赴

1) 『大寶積經』(大正藏 11), p.630상.

2) 『釋迦降生禮讚文』(卍續藏經 74), p.610하.

3) 『釋迦如來涅槃禮讚文』(大正藏 46), p.963하.

4) 『一切如來大祕密王未曾有最上微妙大曼拏羅經』(大正藏 18), p.558하.

5) 『金剛頂蓮華部心念誦儀軌』(大正藏 18), p.300중.

6) 『八大菩薩曼茶羅經』(大正藏 20), p.676상.

7) 『藥師如來觀行儀軌法』(大正藏 19), p.23중.

8) 『大毘盧遮那成佛神變加持經』(大正藏 18), p.45중.

9) 『蓮華部心念誦儀軌』(大正藏 18), p.323상.

10) 『胎藏梵字眞言』(大正藏 18), p.166하.

11) 『大毘盧遮那成佛神變加持經』(大正藏 18), p.24중 ; 『成就妙法蓮華經王瑜伽觀智儀軌』(大正藏 19), p.597상.

12) 『大毘盧遮那成佛神變加持經蓮華胎藏菩提幢標幟普通眞言藏廣大成就瑜伽』(大正藏 18), p.114하.

13) 『胎藏梵字眞言』(大正藏 18), p.164하.

14) 『大毘盧遮那成佛神變加持經蓮華胎藏菩提幢標幟普通眞言藏廣大成就瑜伽』(大正藏 18), p.146상.

15) 『胎藏梵字眞言』(大正藏 18), p.164하.

16) 『佛說祕密三昧大敎王經』(大正藏 18), p.446상.

17) 『佛說不空羂索陀羅尼儀軌經』(大正藏 20), p.442상.

18) 『大毘盧遮那經廣大儀軌』(大正藏 18), p.94상.

19) 『藥師如來觀行儀軌法』(大正藏 19), p.23상 ; 『無量壽如來觀行供養儀軌』(大正藏 19), p.68상.

20) 『佛說一切如來眞實攝大乘現證三昧大敎王經』(大正藏 18), p.352하.

21) 『大日經持誦次第儀軌』(大正藏 18), p.183하.

22) 『大悲心陀羅尼修行念誦略儀』(大正藏 20), p.127중 ;『觀自在菩薩如意輪念誦儀軌』(大正藏 20), p.204상.

23) 『金剛頂瑜伽青頸大悲王觀自在念誦儀軌』(大正藏 20), p.490하.

24) 『金剛頂經金剛界大道場毘盧遮那如來自受用身內證智眷屬法身異名佛最上乘祕密三摩地禮懺文』(大正藏 18), p.336하.

25) 『大日經持誦次第儀軌』(大正藏 18), p.184하.

26) 『大日經持誦次第儀軌』(大正藏 18), p.184하.

27) 『大毘盧遮那成佛神變加持經』(大正藏 18), p.49중.

28) 『大日經持誦次第儀軌』(大正藏 18), p.184하.

29) 『大日經持誦次第儀軌』(大正藏 18), p.184하.

30) 『大毘盧遮那成佛神變加持經』(大正藏 18), p.45중.

31) 『大毘盧遮那經廣大儀軌』(大正藏 18), p.90하.

32) 『大日如來劍印』(大正藏 18), p.197하.

33) 『金剛頂一切如來眞實攝大乘現證大敎王經』(大正藏 18), p.312상.

34) 『瑜伽蓮華部念誦法』(大正藏 20), p.6하.

35) 『不空羂索神變眞言經』(大正藏 20), p.396하.

36) 『大毘盧遮那成佛神變加持經蓮華胎藏菩提幢標幟普通眞言藏廣大成就瑜伽』(大正藏 18), p.151중.

37) 『蓮華部心念誦儀軌』(大正藏 18), p.323상.

38) 『大乘瑜伽金剛性海曼殊室利千臂千鉢大敎王經』(大正藏 20), p.737상.

39) 『胎藏梵字眞言』(大正藏 18), p.164하.

40) 『佛說不空羂索陀羅尼儀軌經』(大正藏 20), p.442상.

41) 『不空羂索神變眞言經』(大正藏 20), p.242중.

42) 『守護國界主陀羅尼經』(大正藏 20), p.574하.

43) 『大日如來劍印』(大正藏 20), p.197하.

44) 『請觀世音菩薩消伏毒害陀羅尼呪經』(大正藏 20), p.37하.

45) 『不空羂索神變眞言經』(大正藏 20), p.243하.

46) 『大毘盧遮那成佛神變加持經』(大正藏 18), p.13상.

47) 『大毘盧遮那成佛神變加持經』(大正藏 18), p.13상.

48) 『金剛頂蓮華部心念誦儀軌』(大正藏 18), p.30상.

49) 『佛說一切如來眞實攝大乘現證三昧大敎王經』(大正藏 18), p.399중.

50) 『不空羂索神變眞言經』(大正藏 20), p.396하.

51) 『胎藏梵字眞言』(大正藏 18), p.164하.

52) 『佛說不空羂索陀羅尼儀軌經』(大正藏 20), p.442상.

53) 『大日如來劍印』(大正藏 20), p.197하.

54) 『大毘盧遮那成佛神變加持經』(大正藏 18), p.8중.

55) 『佛說地藏菩薩陀羅尼經』(大正藏 20), p.657상.

56) 『佛說地藏菩薩陀羅尼經』(大正藏 20), p.657상.

57) 『陀羅尼集經』(大正藏 18), p.839하.

58) 『不空羂索神變眞言經』(大正藏 20), p.396하.

59) 『胎藏梵字眞言』(大正藏 18), p.164하.

60) 『佛說不空羂索陀羅尼儀軌經』(大正藏 20), p.442상.

61) 『藥師如來觀行儀軌法』(大正藏 19), p.23중.

62) 『大日如來劍印』(大正藏 20), p.197하.

63) 『藥師如來觀行儀軌法』(大正藏 19), p.23중.

64) 『藥師如來觀行儀軌法』(大正藏 19), p.26하.

65) 『藥師七佛供養儀軌如意王經』(大正藏 19), p.62중.

66) 『藥師七佛供養儀軌如意王經』(大正藏 19), p.49상.

67) 『藥師七佛供養儀軌如意王經』(大正藏 19), p.49하.

68) 『金剛頂經瑜伽文殊師利菩薩供養儀軌』(大正藏 20), p.717상.

69) 『廣大寶樓閣善住祕密陀羅尼經』(大正藏 20), p.649하.

70) 『建立曼荼羅護摩儀軌』(大正藏 21), p.933상.

71) 『吽迦陀野儀軌』(大正藏 21), p.249상.

72) 『大毘盧遮那成佛神變加持經蓮華胎藏悲生曼荼羅廣大成就儀軌供養方便會』(大正藏 18), p.124하.

73) 『阿闍梨大曼荼攞灌頂儀軌』(大正藏 18), p.191중.

74) 『聖閻曼德迦威怒王立成大神驗念誦法』(大正藏 21), p.75상.

75) 『廣大寶樓閣善住祕密陀羅尼經』(大正藏 19), p.650중.

76) 『阿吒薄俱元帥大將上佛陀羅尼經修行儀軌(大正藏 21), p.190하.

77) 『牟梨曼陀羅呪經』(大正藏 19), p.660중.

78) 『施八方天儀則』(大正藏 21), p.379하.

79) 『佛說寶藏神大明曼拏羅儀軌經』(大正藏 21), p.348중.

80) 『佛說大輪金剛總持陀羅尼經』(大正藏 21), p.161상.

81) 『大毘盧遮那成佛神變加持經』(大正藏 18), p.49상.

82) 『佛說大孔雀呪王經』(大正藏 19), p.641중.

83) 『大毘盧遮那經廣大儀軌』(大正藏 18), p.47상.

84) 『大毘盧遮那成佛神變加持經』(大正藏 18), p.90중.

85) 『大毘盧遮那成佛神變加持經』(大正藏 18), p.53중.

86) 『大毘盧遮那成佛神變加持經』(大正藏 18), p.53중.

87) 『菩提場莊嚴陀羅尼經』(大正藏 19), p.674하.

88) 『大毘盧遮那成佛神變加持經』(大正藏 18), p.51하.

89) 『大毘盧遮那成佛神變加持經』(大正藏 18), p.46하.

90) 『大毘盧遮那成佛神變加持經』(大正藏 18), p.24중.

91) 『佛說如意輪蓮華心如來修行觀門儀』(大正藏 20), p.222상.

92) 『聖救度佛母二十一種禮讚經』(大正藏 20), p.483하.

93) 『觀自在菩薩隨心呪經』(大正藏 20), p.458중.

94) 『五百羅漢尊號』(乾隆藏 157), p.816상.

95) 『佛說百佛名經』(大正藏 14), p.354하.

96) 『唐梵翻對字音般若波羅蜜多心經』(大正藏 8), p.851중.

97) 『千手千眼觀自在菩薩廣大圓滿無礙大悲心陀羅尼呪本』(大正藏 20), p.112하.

98) 『大慈大悲救苦觀世音自在王菩薩廣大圓滿無礙自在靑頸大悲心陀羅尼』(大正藏 20), p.498하.

99) 『密敎最上乘秘密藏陀羅尼集』(房山石經 6), p.45상.

100) 『大慈大悲救苦觀世音自在王菩薩廣大圓滿無礙自在靑頸大悲心陀羅尼』(大正藏 20), p.498하.

101) 『佛說地藏菩薩陀羅尼經』(大正藏 20), p.659중.

102) 『釋敎最上乘秘密藏陀羅尼集』(房山石經 28), p.166상.

103) 『大乘瑜伽金剛性海曼殊室利千臂千鉢大敎王經』(大正藏 20), p.736중.

104) 『釋敎最上乘秘密藏陀羅尼集』(房山石經 10), p.76중.

105) 『釋敎最上乘秘密藏陀羅尼集』(房山石經 10), p.83상.

106) 『佛說普賢菩薩陀羅尼經』(大正藏 20), p.542상.

107) 『藥師琉璃光如來消災除難念誦儀軌』(大正藏 19), p.21하.

108) 『佛說觀藥王藥上二菩薩經』(大正藏 20), p.661중.

109) 『佛說觀藥王藥上二菩薩經』(大正藏 20), p.661하.

110) 『妙吉祥平等祕密最上觀門大教王經』(大正藏 20), p.929상.

111) 『金光明最勝王經』(大正藏 16), p.434상.

112) 『金光明最勝王經』(大正藏 16), p.430하

113) 『寶星陀羅尼經』(大正藏 13), p.567상.

114) 『佛說一切如來眞實攝大乘現證三昧大教王經』(大正藏 18), p.399중.

115) 『蘇悉地羯羅供養法』(大正藏 18), p.717상.

116) 『佛說戒德香經』(大正藏 2), p.507하.

117) 『大毘盧遮那成佛神變加持經』(大正藏 18), p.50중.

118) 『大乘瑜伽金剛性海曼殊室利千臂千鉢大教王經』(大正藏 20), p.737상.

119) 『蘇悉地羯囉經』(大正藏 18), p.683상.

120) 『大日經持誦次第儀軌』(大正藏 18), p.183하.

121) 『大毘盧遮那成佛神變加持經』(大正藏 18), p.47중.

122) 『大日經持誦次第儀軌』(大正藏 18), p.184중.

123) 『大毘盧遮那成佛神變加持經』(大正藏 18), p.50상.

124) 『大毘盧遮那成佛神變加持經』(大正藏 18), p.13상.

125) 『大日經持誦次第儀軌』(大正藏 18), p.184하.

126) 『大毘盧遮那經廣大儀軌』(大正藏 18), p.91중.

127) 『諸佛境界攝眞實經』(大正藏 18), p.275상.

128) 『諸佛境界攝眞實經』(大正藏 18), p.275상.

129) 『蓮華部心念誦儀軌』(大正藏 18), p.322중.

130) 『蓮華部心念誦儀軌』(大正藏 18), p.322중.

131) 『不空羂索神變眞言經』(大正藏 20), p.240상.

132) 『攝大毘盧遮那成佛神變加持經入蓮華胎藏海會悲生曼荼攞廣大念誦儀軌供養方便會』(大正藏 18), p.70하.

133) 『佛說一切如來安像三昧儀軌經』(大正藏 21), p.934상.

134) 『佛說一切如來安像三昧儀軌經』(大正藏 21), p.934상.

135) 『佛說一切如來安像三昧儀軌經』(大正藏 21), p.934중.

136) 『大日經持誦次第儀軌』(大正藏 18), p.185상.

137) 『佛說一切如來安像三昧儀軌經』(大正藏 21), p.934상.

138) 『阿吒薄俱元帥大將上佛陀羅尼經修行儀軌』(大正藏 21), p.190하.

139) 『阿吒薄俱元帥大將上佛陀羅尼經修行儀軌』(大正藏 21), p.188중.

140) 『阿吒薄俱元帥大將上佛陀羅尼經修行儀軌』(大正藏 21), p.191상.

141) 『佛說守護大千國土經』(大正藏 19), p.593상.

142) 『北方毘沙門多聞寶藏天王神妙陀羅尼別行儀軌』(大正藏 21), p.231하.

143) 『佛說一切如來眞實攝大乘現證三昧大敎王經』(大正藏 18), p.376상.

144) 『持誦金剛經靈驗功德記』(大正藏 85), p.159하.

145) 『妙吉祥平等祕密最上觀門大敎王經』(大正藏 20), p.905중.

146) 『佛說無能勝大明王陀羅尼經』(大正藏 21), p.172상.

147) 『聖閻曼德迦威怒王立成大神驗念誦法』(大正藏 21), p.75상.

148) 『大輪金剛修行悉地成就及供養法』(大正藏 21), p.167하.

149) 『金剛恐怖集會方廣儀軌觀自在菩薩三世最勝心明王經』(大正藏 20), p.14상.

150) 『一切如來大祕密王未曾有最上微妙大曼拏羅經』(大正藏 18), p.558중.

151) 『妙吉祥平等祕密最上觀門大敎王經』(大正藏 20), p.930상.

152) 『吽迦陀野儀軌』(大正藏 21), p.235중.

153) 『北斗七星護摩法』(大正藏 21), p.458중.

154) 『瑜伽集要救阿難陀羅尼焰口軌儀經』(大正藏 21), p.470중.

155) 『不空羂索神變眞言經』(大正藏 18), p.357중.

156) 『阿閦如來念誦供養法』(大正藏 19), p.17하.

157) 『蘇悉地羯囉經』(大正藏 18), p.667상.

158) 『金剛頂瑜伽中略出念誦經』(大正藏 18), p.224중.

159) 『如意輪陀羅尼經』(大正藏 20), p.191상.

160) 『不空羂索神變眞言經』(大正藏 20), p.356하.

161) 『不空羂索神變眞言經』(大正藏 20), p.356하.

162) 『不空羂索神變眞言經』(大正藏 20), p.329하.

163) 『菩提場莊嚴陀羅尼經』(大正藏 19), p.674하.

164) 『歷代法寶記』(大正藏 51), p.193중.

165) 『瑜伽集要救阿難陀羅尼焰口軌儀經』(大正藏 21), p.471중.

166) 『瑜伽集要焰口施食儀』(大正藏 21), p.480중.

167) 『瑜伽集要救阿難陀羅尼焰口軌儀經』(大正藏 21), p.470중.

168) 『佛說金剛手菩薩降伏一切部多大教王經』(大正藏 20), p.555하.

169) 『施諸餓鬼飲食及水法』(大正藏 21), p.467상.

170) 『佛說如意輪蓮華心如來修行觀門儀』(大正藏 20), p.222상.

171) 『大聖妙吉祥菩薩祕密八字陀羅尼修行曼茶羅次第儀軌法』(大正藏 20), p.789중.

172) 『施諸餓鬼飲食及水法』(大正藏 21), p.468상.

173) 『大日經持誦次第儀軌』(大正藏 18), p.183하.

174) 『不空羂索神變眞言經』(大正藏 20), p.357상.

175) 『佛說救拔焰口餓鬼陀羅尼經』(大正藏 21), p.465상.

176) 『佛說無量壽佛化身大忿迅俱摩羅金剛念誦瑜伽儀軌法』(大正藏 21), p.130하.

177) 『佛說救拔焰口餓鬼陀羅尼經』(大正藏 21), p.465상.

178) 『瑜伽集要救阿難陀羅尼焰口軌儀經』(大正藏 21), p.470하.

179) 『金剛王菩薩祕密念誦儀軌』(大正藏 20), p.753중.

180) 『金剛王菩薩祕密念誦儀軌』(大正藏 20), p.753중.

181) 『十八契印』(大正藏 18), p.783중.

182) 『瑜伽集要焰口施食儀』(大正藏 21), p.480상.

183) 『淨土五會念佛誦經觀行儀』(大正藏 85), p.1246중.

184) 『淨土五會念佛誦經觀行儀』(大正藏 85), p.1259상.

185) 『佛說無量壽經』(大正藏 12), p.26하.

186) 『佛說無量壽佛化身大忿迅俱摩羅金剛念誦瑜伽儀軌法』(大正藏 21), p.132하.

187) 『瑜伽集要焰口施食儀』(大正藏 21), p.482중.

188) 『佛說如意輪蓮華心如來修行觀門儀』(大正藏 21), p.222상.

189) 『建立曼茶羅護摩儀軌』(大正藏 18), p.932하.

190) 『佛說大乘觀想曼拏羅淨諸惡趣經』(大正藏 21), p.93하.

출판에 도움을 주신 분들

강다윤, 강경애, 강동구, 강태웅, 권령아, 권태임, 김가현, 김문수, 김미숙, 김성도, 김재욱, 문영숙, 박재형, 박창립, 박충한, 노영심, 송재훈, 서수연, 오치훈, 오치효, 유신길, 이선수, 이성경, 이윤승, 이종원, 이재환, 이향숙, 남이슬, 최선화, 한제호, 김영애, 한유주, 함용재, 김미경, 함민주, 허 민, 허완봉, 허남욱, 홍지혜, 박혜경

釋 普雲(宋法燁)

대한불교조계종 제2교구 본사 용주사에서 출가
중앙승가대학교 문학박사
현재 대한불교조계종 교수아사리(계율), 중앙승가대학교 불교학부 겸임교수

논저ㅣ논문으로 「율장을 통해 본 주불전의 장엄과 기능에 대한 재해석」 등 다수. 번역서로 『근본설일체유부비나야파승사』, 『근본설일체유부비나야약사』, 『근본설일체유부비나야잡사』(상·하), 『근본설일체유부비나야』, 『근본설일체유부필추니비나야』, 『근본설일체유부백일갈마 외』, 『안락집』(상·하) 등이 있다.

新編 僧伽儀範 신편 승가의범

釋 普雲 纂

2019년 5월 31일 초판 1쇄 발행

펴낸이·오일주
펴낸곳·도서출판 혜안
등록번호·제22-471호
등록일자·1993년 7월 30일

주   소·☎ 04052 서울시 마포구 와우산로 35길3(서교동) 102호
전   화·3141-3711~2 / 팩시밀리·3141-3710
E-Mail·hyeanpub@hanmail.net

ISBN 978-89-8494-630-9 03220

값 25,000 원